定期テスト **ズバリよくでる** 社会 | 地理 東京書籍版 | 新しい社会 地理

もくじ

JN047696

		本書のページ			標準的な出題範囲		あなたの学校の出題範囲
		Step 1	Step 2	Step 3	3学期制	2学期制	
第1編 世界と日本		2	3〜5	6〜7	1年生 1学期 中間テスト	1年生 前期 中間テスト	
第1章 世界の姿	8〜17						
第2章 日本の姿	20〜29						
第2編 世界のさまざまな地域		8	9〜11	12〜13			
第1章 世界各地の人々の生活と環境	36〜51						
第2章 世界の諸地域		14	15〜17	18〜19	1年生 2学期 期末テスト	1年生 後期 中間テスト	
1節 アジア州 〜 2節 ヨーロッパ州	56〜83						
3節 アフリカ州 〜 4節 北アメリカ州	88〜109	20	21〜23	24〜25		1年生 後期 期末テスト	
5節 南アメリカ州 〜 6節 オセアニア州	114〜133	26	27〜29	30〜31	1年生 3学期 期末テスト		
第3編 日本のさまざまな地域		32	33〜37	38〜39	2年生 1学期 期末テスト	2年生 前期 中間テスト	
第1章 地域調査の手法	142〜155						
第2章 日本の地域的特色と地域区分	158〜177						
第3章 日本の諸地域		40	41〜43	44〜45	2年生 2学期 中間テスト	2年生 前期 期末テスト	
1節 九州地方 〜 2節 中国・四国地方	185〜205						
3節 近畿地方 〜 4節 中部地方	209〜229	46	47〜49	50〜51		2年生 後期 中間テスト	
5節 関東地方 〜 6節 東北地方	233〜253	52	53〜55	56〜57	2年生 2学期 期末テスト		
7節 北海道地方	257〜265	58	59〜61	62〜63			
第4章 地域の在り方	270〜281				2年生 3学期 期末テスト		

取り外してお使いください 赤シート＋直前チェックBOOK,別冊解答

【写真提供】 ※一部画像はトリミングして掲載しています。
AFP／Alamy／AP／Bloomberg／Danita Delimont／dpa／HEMIS／KIZAKI Minoru／PPS通信社／Russian Look／朝日新聞社／アフロ／北九州市環境局総務課／国土地理院ホームページ／国連広報センター＊／時事通信フォト／新華社／手塚耕一郎／東邦航空サービス／毎日新聞社／読売新聞／ルートレス / PIXTA
＊The content of this publication has not been approved by the United Nations and does not reflect the views of the United Nations or its officials or Member States.

※第1学年・第2学年では，地理的分野と歴史的分野を並行して学習することを前提に，全国の定期テストの標準的な出題範囲を示しています。
学校の学習進度とあわない場合は，「あなたの学校の出題範囲」欄に出題範囲を書きこんでお使いください。

Step 1 基本チェック
第1章 世界の姿
第2章 日本の姿

10分

次の問題に答えよう！ 間違った問題には□にチェックをいれて，テスト前にもう一度復習！

❶ 世界の姿 ▶ 教 p.8-17

解答欄

□ ❶ ［三大洋］のうち，全ての陸地の面積よりも広い海洋は何か。

□ ❷ ［六大陸］のうち，最も面積が広い大陸は何か。

□ ❸ アジア州と陸続きの州は何州か。

□ ❹ ［赤道］を0度，北極点と南極点を［90］度として，
地球を南北にそれぞれ90度に分けたものを何というか。▶ 図1

□ ❺ 地球の表面の同じ❹を結んだ線を何というか。

□ ❻ 北極点と南極点とを地球の表面を通って結んだ線を何というか。

□ ❼ ❻の線のうち，イギリスのロンドンにある旧グリニッジ天文台を
通る線を何というか。

□ ❽ ❼を0度で表し，地球を東西にそれぞれ180度に
分けたものを何というか。▶ 図1

❶
❷
❸
❹

❺
❻
❼

❽

❷ 日本の姿 ▶ 教 p.20-29

□ ❾ 日本の西に位置するのは何大陸か。

□ ❿ 日本の基準となる時刻を定める［標準時子午線］は東経何度か。

□ ⓫ 経度15度ごとに何時間の時差が生じるか。

□ ⓬ 領土と領海，［領空］を合わせた範囲を何というか。

□ ⓭ 沿岸から［200］海里（約370km）以内の水域を何というか。▶ 図2

□ ⓮ 日本の地方の政治を行っている基本の単位とは何か。

❾
❿
⓫
⓬
⓭
⓮

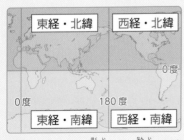

図1 赤道より北を北緯，南を南緯，経度
0度より東を東経，西を西経という。

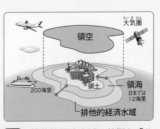

図2 排他的経済水域の外側を「公
海」とよび，各国が自由に使用でき
る海域である。

地球上の時刻は東のほうが早い
から，時差から時刻を求めると
きは，西に行くほど時刻を遅ら
せるようにしよう。

Step 2 予想問題 ： 第 1 章 世界の姿 第 2 章 日本の姿

1ページ
10分×3

【 地球の姿を見てみよう 】

❶ 次の図を見て，あとの問いに答えなさい。

資料Ⅰ

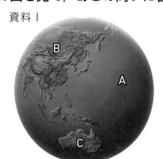

資料Ⅱ

陸地 28.9%

海洋 71.1%

㋐ 32.6%

地球の総面積 5.1 億 km²

㋒ 14.4　㋑ 17.0

その他の海洋

↑陸地と海洋の割合

☐ ❶ 資料Ⅰの A にあてはまる海洋を，資料Ⅱの㋐〜㋒から選びなさい。

（　　　　　）

☐ ❷ ❶の海洋の名前を答えなさい。　　　　　　　（　　　　　）

☐ ❸ 資料Ⅰの B，C の大陸名を答えなさい。

B（　　　　　）　C（　　　　　）

【 世界のさまざまな国々 】

❷ 右の地図を見て，あとの問いに答えなさい。

☐ ❶ 次の①〜③にあてはまる国を，
地図中の㋐〜㋕から選び，国
名も答えなさい。

① 南北約4300kmに及ぶ
細長い国

② 面積が日本の約45倍あり，
世界最大の面積の国

③ 内陸国

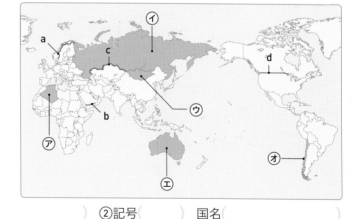

①記号（　　）　国名（　　　　　　　）　②記号（　　）　国名（　　　　　　　）

③記号（　　）　国名（　　　　　　　）

☐ ❷ 世界にはおよそ何か国あるか，㋐〜㋒から選びなさい。　　（　　　　　）

㋐　約45か国　　㋑　約90か国　　㋒　約190か国

☐ ❸ 緯線や経線を利用して引かれた国境線を，地図中の a 〜 d から選びなさい。（　　　　　）

💡ヒント ❷❸緯線や経線を利用した国境は，地図上の直線で表されます。

❌ミスに注意 ❶❸Bの大陸は，日本の西に位置する面積が最も大きな大陸です。

【地球上の位置を表そう／地球儀と世界地図を比べてみよう】

❸ 右の地図を見て，次の問いに答えなさい。

地図Ⅰ

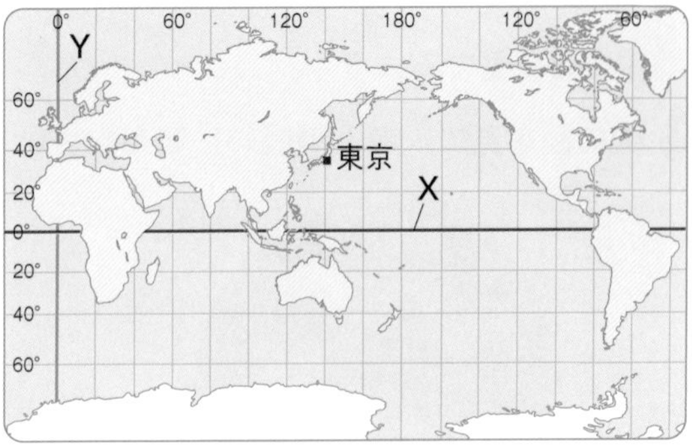

□ ❶ 地図Ⅰ中のXの緯線とYの経線の名前を答えなさい。 X（　　　） Y（　　　）

□ ❷ 地図Ⅰの東京のおおよその位置を，緯度と経度で答えなさい。

緯度（　　　）

経度（　　　）

□ ❸ 次の①～④にあてはまる地図をA・Bから選びなさい。

A

B

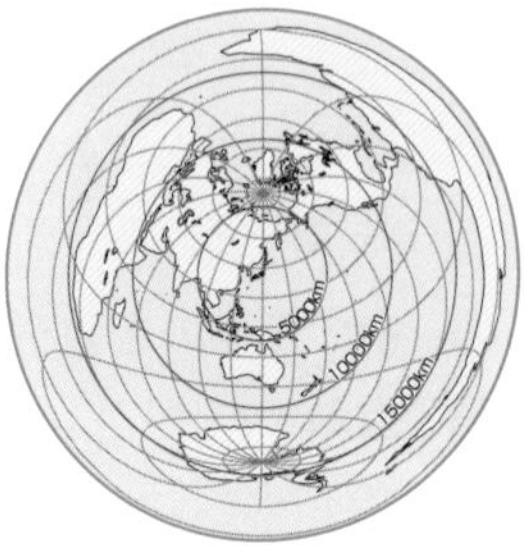

① 中心からの距離と方位が正しい。

② 赤道からはなれるほど，陸地の形がゆがむ。

③ 陸地の面積がほぼ正しい。

④ 中心からはなれるほど，陸地の形がゆがむ。

①（　　　） ②（　　　）

③（　　　） ④（　　　）

地図の形と特徴は，しっかりおさえておこう！

【日本の位置／日本と世界との時差】

❹ 次の文を読んで，あとの問いに答えなさい。

日本は，（ ① ）大陸の東にあり，太平洋の（ ② ）にある海洋国である。近くには中国や（ ③ ）がある。日本の東端から西端までの経度の差は約30度あり，（ ④ ）時間の時差が生じる。そこで，a東経135度を時刻の基準となる経線に定めて，全国で共通の時刻を使っている。

□ ❶ 文中の①～④にあてはまる言葉を，㋐～㋙から選びなさい。

㋐ 北西部　㋑ 南西部　㋒ オーストラリア　㋓ ユーラシア　㋔ 北アメリカ
㋕ フィリピン　㋖ 韓国　㋗ 1　㋘ 2　㋙ 3

①（　　　） ②（　　　） ③（　　　） ④（　　　）

□ ❷ 下線部aの経線を何とよぶか答えなさい。（　　　）

□ ❸ 下線部aの経線が通る兵庫県の市の名前を答えなさい。（　　　）

[ヒント] ❹❶④地球は1周360度を24時間で自転しています。

[ミスに注意] ❸❷東経・西経，北緯・南緯に注意して答えましょう。

［解答▶p.1］

【 日本の領域の特色／北方領土・竹島と尖閣諸島 】

❺ 右の地図と写真を見て，次の問いに答えなさい。

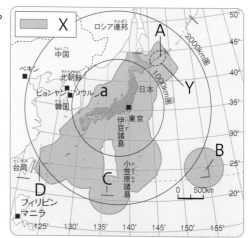

☐ **❶** 地図中の X の水域を何とよぶか答えなさい。

（　　　　　　　　　）

☐ **❷** 地図中の X の水域について，あてはまるもの
を㋐～㋓から選びなさい。

　　㋐ 他国の船は航行できない。

　　㋑ 自国の水産資源や鉱産資源を自由に
　　　利用できる。

　　㋒ 沿岸から12海里の水域である。

　　㋓ 日本では，この水域より陸地のほうが広い。

（　　　　　　　　　）

☐ **❸** 地図中の a は島根県に属している島ですが，韓国が不法
に占拠しています。この島の名前を答えなさい。

（　　　　　　　　　）

☐ **❹** 右の写真は，政府が波による侵食から守っている島です。
この島を地図中の A ～ D から選びなさい。　（　　　　　）

☐ **❺** 右の写真の島の名前を答えなさい。　（　　　　　　　）

【 日本の都道府県 】

❻ 右の地図を見て，次の問いに答えなさい。

☐ **❶** 地図中の A ～ G の地方名を答えなさい。

A（　　　　　　　）　B（　　　　　　　）

C（　　　　　　　）　D（　　　　　　　）

E（　　　　　　　）　F（　　　　　　　）

G（　　　　　　　）

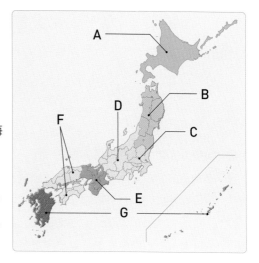

☐ **❷** D 地方をさらに三つの地域に区分したとき，海
に面していない地域は何とよばれるか
答えなさい。

（　　　　　　　　　）

☐ **❸** 都道府県の政治を行う，都道府県庁が置かれた
都市を何とよぶか答えなさい。

（　　　　　　　　　）

・・

ヒント ❺❷この海域は，海に面した国が自国の権利を守るために設定しています。

ミスに注意 ❻❶Fは，日本海側と太平洋側の 2 地域に区分することもあります。

Step 3 **予想テスト** ： **第 1 章 世界の姿**
第 2 章 日本の姿

 30分 ／100点 目標 70点

❶ 右の地図を見て，次の問いに答えなさい。 各3点

□ ❶ 地図中の A ～ E の国名を答えなさい。

□ ❷ 内陸国と海洋国をそれぞれ地図中の A ～ E から選びなさい。

□ ❸ 日本の位置について，正しいものを㋐～㋓から二つ選びなさい。
　　㋐ オーストラリアの北にある。
　　㋑ 太平洋の北西部に位置する。
　　㋒ およそ北緯15度から30度にある。
　　㋓ ユーラシア大陸の西に位置する。

□ ❹ 東京とイギリスのロンドンの時差を答えなさい。
　　（ただし，東京は東経135度，ロンドンは経度 0 度の経線を標準時子午線とする）。技

 □ ❺ 東京が 9 月22日午前 2 時のとき，エジプトのカイロの日時を答えなさい。
　　（ただし，東京は東経135度，カイロは東経30度の経線を標準時子午線とする）。技

❷ 次の地図を見て，あとの問いに答えなさい。 各4点

㋐　　　　　　　　　　　㋑　　　　　　　　　　　㋒

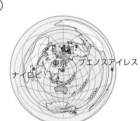

□ ❶ 大陸や島の大きさの目安を調べたいときに適した地図を，㋐～㋒から選びなさい。技

□ ❷ 2 地点を結ぶ直線と緯線または経線との角度がどこでも同じになるため，
　　航海などに使われる地図を，㋐～㋒から選びなさい。技

□ ❸ ①～⑤について，正しいものには○を，間違っているものには×をつけなさい。技
　　① ナイロビは東京から見て，南西の方角にある。
　　② オーストラリア大陸は，東京から10000km以上はなれている。
　　③ ブエノスアイレスは，東京から10000km以上はなれている。
　　④ ブエノスアイレスは，東京から見て東の方角にある。
　　⑤ グリーンランドは，オーストラリア大陸よりも面積が大きい。

❸ 右の地図と写真を見て，次の問いに答えなさい。 各3点

□ ❶ 地図中の A ～ D は，日本の東西南北の端_{はし}に位置する島々です。それぞれの島の名前を答えなさい。技

□ ❷ 写真Ⅰと II にあてはまる島を，地図中の A ～ D から選びなさい。

□ ❸ 地図中の X の水域を何とよぶか答えなさい。

□ ❹ 地図中の X の水域は沿岸から何海里までか答えなさい。

□ ❺ 地図中の X の水域について，その水域を持つ国がどのような権利を持っているか，簡単に書きなさい。思

□ ❻ 地図中の Y の島々を不法に占拠_{せんきょ}している国を答えなさい。

□ ❼ 地図中の Y の島々を何とよぶか答えなさい。

□ ❽ 地図中の Y の島々ではないものを，㋐～㋓から選びなさい。

㋐ 歯舞群島_{はぼまい}　㋑ 色丹島_{しこたんとう}
㋒ 奥尻島_{おくしりとう}　㋓ 国後島_{くなしりとう}

□ ❾ 地図中の竹島についてあてはまるものを，㋐～㋓から選びなさい。

㋐ 島根県に属しているが，韓国_{かんこく}が占拠している。
㋑ 島根県に属しているが，北朝鮮_{きたちょうせん}が占拠している。
㋒ 長崎県に属しているが，韓国が占拠している。
㋓ 長崎県に属しているが，ロシアが占拠している。

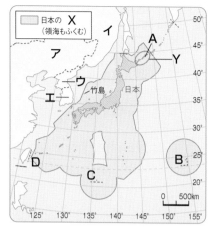

写真Ⅰ

写真 II

❶	❶ A		B		C	
	D		E		❷ 内陸国	海洋国
	❸		❹		❺	
❷	❶	❷	❸ ①	②	③	④
	⑤					
❸	❶ A		B		C	
	D		❷ 写真Ⅰ	写真 II	❸	
	❹		❺			
	❻		❼		❽	❾

❶ ╱33点　❷ ╱28点　❸ ╱39点

Step 1 基本チェック ・ 第1章 世界各地の人々の生活と環境

 10分

次の問題に答えよう！　間違った問題には□にチェックをいれて，テスト前にもう一度復習！

❶ 世界各地の人々の生活と環境　▶ 教 p.36-51

□ ❶ 一年の大半が雪や氷でおおわれている気候帯は何か。▶ 図1

□ ❷ 以前は狩りや漁業で生活していたカナダ北部などに
暮らす人々を何とよぶか。

□ ❸ 冬の寒さは厳しいが，夏の平均気温が10℃をこえる
気候帯は何か。▶ 図1

□ ❹ ❸の地域に広がる，もみやからまつなどの［針葉樹］からなる
森林を何とよぶか。

□ ❺ ❸の地域に広がる，一年中こおったままの土を何とよぶか。

□ ❻ 年間を通して温暖で，適度に雨が降る気候帯は何か。▶ 図1

□ ❼ ❻の気候帯のうち，冬に雨が多く降り，夏に乾燥する
気候は何か。▶ 図1

□ ❽ サハラ砂漠の南に広がる［サヘル］など，雨が少なく乾燥した
気候帯は何か。▶ 図1

□ ❾ 赤道付近の［熱帯雨林］が広がる地域など，年間を通して暑く，
季節の変化がほとんどない気候帯は何か。▶ 図1

□ ❿ 標高が高い地域に特有な気候は何か。▶ 図1

□ ⓫ 神へのいのりや聖書を読むことを大切にした宗教は何か。

□ ⓬ 1日5回，聖地メッカに向かって祈る宗教は何か。

□ ⓭ 東南アジアや東アジアに広がった宗教は何か。

解答欄

❶

❷

❸

❹

❺

❻

❼

❽

❾

❿

⓫

⓬

⓭

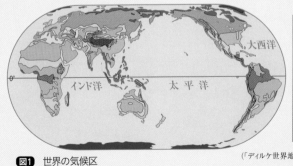

熱帯雨林気候
サバナ気候
ステップ気候
砂漠気候
地中海性気候
温暖湿潤気候
西岸海洋性気候
冷帯（亜寒帯）気候
ツンドラ気候
氷雪気候
高山気候

気候帯は，赤道から南北に熱帯
→乾燥帯→温帯→冷帯→寒帯
と分布しているよ。地図で確認
しよう！

図1　世界の気候区

（「ディルケ世界地図」2015年版ほか）

[解答 ▶ p.2]

Step
2 予想問題 : **第1章 世界各地の人々の生活と環境**

1ページ
10分×3

【 雪と氷の中で暮らす人々／寒暖の差が激しい土地に暮らす人々 】

❶ **右の写真や雨温図を見て，次の問いに答えなさい。**

写真Ⅰ

□ ❶ 写真Ⅰ・Ⅱは，どこの気候帯の様子を表しているか答えなさい。
　　　　　　Ⅰ（　　　　　　　　　）　Ⅱ（　　　　　　　　　）

□ ❷ 写真Ⅰはイグルーとよばれる住居ですが，かつてこのような
　　住居に住んでいた人々を何とよぶか答えなさい。
　　　　　　　　　　　　　　　　（　　　　　　　　　　　　）

写真Ⅱ

□ ❸ ❷の人々の現在の生活に当てはまるものを，
　　㋐〜㋓から二つ選びなさい。
　　㋐ 今では狩りも漁も行われていない。
　　㋑ 現在は電気や暖房のある住居で生活している。
　　㋒ 古くからの文化は消えてしまった。
　　㋓ 犬ぞりに代わって，スノーモービルが使われている。
　　　　　　　　　　　　　（　　　　　　）（　　　　　　）

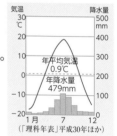

気温 ℃ / 降水量 mm
年平均気温 0.9℃
年降水量 479mm
1月 7 12
（「理科年表」平成30年ほか）

□ ❹ 右の雨温図は，写真ⅠとⅡのどちらの気候帯を表しているか答えなさい。
　　　　　　　　　　　　　　　　　　　　　　（　　　　　　　　）

□ ❺ 写真Ⅱのような針葉樹の森林を何とよぶか答えなさい。
　　　　　　　　　　　　　　　　　　　　（　　　　　　　　　　）

【 温暖な土地に暮らす人々 】

❷ **右の雨温図を見て，次の問いに答えなさい。**

ア　　　　　　イ

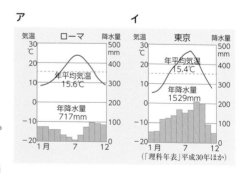

気温 ℃ / ローマ / 降水量 mm
年平均気温 15.6℃
年降水量 717mm

気温 ℃ / 東京 / 降水量 mm
年平均気温 15.4℃
年降水量 1529mm
1月 7 12
（「理科年表」平成30年ほか）

□ ❶ ローマ（イタリア）と東京の気候の違いに
　　あてはまるものを，㋐〜㋓から二つ選びなさい。
　　㋐ 年平均気温に大きな違いはない。
　　㋑ 年降水量はローマのほうが多い。
　　㋒ 夏と冬の気温の差は，ローマのほうが大きい。
　　㋓ ローマは夏に乾燥する。
　　　　　　　　　　　　（　　　　　　）（　　　　　　）

□ ❷ イタリアで気候を利用して栽培されている作物を，㋐〜㋓から二つ選びなさい。
　　㋐ さとうきび　　㋑ りんご　　㋒ ぶどう　　㋓ オリーブ
　　　　　　　　　　　　　　　　　　（　　　　　　）（　　　　　　）

💡 **ヒント** ❶❸❷の人々は，現在は町に定住するようになりました。

❌ **ミスに注意** ❶❹雨温図では，折れ線グラフが気温を，棒グラフが降水量を表しています。

【 乾燥した土地に暮らす人々 】

❸ **右の写真を見て，次の問いに答えなさい。**

□ ❶ 右の写真の土地の気候帯を答えなさい。

（　　　　　　　）

□ ❷ 右の写真から読み取れることを，㋐〜㋓から
二つ選びなさい。

　㋐ 大きな木が多い森林地帯である。

　㋑ 乾燥して木が育たない地域である。

　㋒ らくだは荷物を運ぶ手段となっている。

　㋓ らくだを広い牧場で飼育している。　　　　（　　　）（　　　）

□ ❸ 写真のような土地で，自然のわき水や井戸などで水が得られる場所を何とよぶか答えなさい。

（　　　　　　　）

□ ❹ サハラ砂漠の南に広がる一帯を何とよぶか答えなさい。

（　　　　　　　）

□ ❺ ❹の地域などで行われてきた，樹木などを切りはらって，
燃やした灰を肥料として利用する農業を何というか答えなさい。　（　　　　　　　）

【 常夏の島で暮らす人々／標高の高い土地に暮らす人々 】

❹ **右の雨温図を見て，次の問いに答えなさい。**

□ ❶ 右のA・Bの雨温図は，比較的赤道に近い二つの
都市の気候を表しています。Aの気候区と
Bの気候帯を答えなさい。

A（　　　　　　　）　B（　　　　　　　）

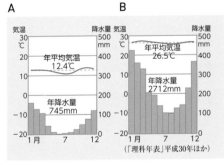

□ ❷ A・Bは同緯度にもかかわらず，年平均気温が
異なる理由を，㋐〜㋓から選びなさい。

　㋐ Bの都市は森林に近いため，年平均気温が高い。

　㋑ Bの都市は砂漠があるため，年平均気温が高い。

　㋒ Aの都市は標高が高いため，年平均気温が低い。

　㋓ Aの都市は標高が低いため，年平均気温が低い。　（　　　　　　　）

□ ❸ Aの気候の地域で，主に荷物を運ぶときに利用する動物の名前を答えなさい。

（　　　　　　　）

□ ❹ Bの気候帯に広がる，樹木の高さが50mにもなる森林を何というか答えなさい。

（　　　　　　　）

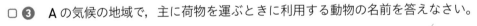

🔦 **ヒント** ❹❷気温は標高が100m上がると約0.6℃下がるといわれています。

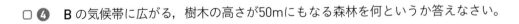

❌ **ミスに注意** ❹❶赤道に近くても，ある条件で年平均気温は下がることに注意しましょう。

【 世界に見られるさまざまな気候 】

❺ 次の地図を見て，あとの問いに答えなさい。

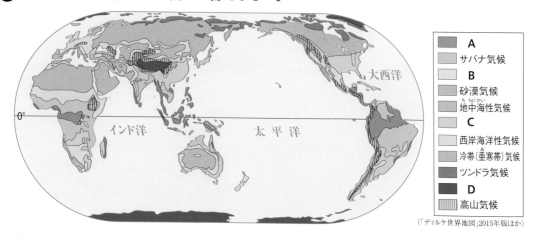

■ A	
■ サバナ気候	
■ B	
■ 砂漠気候	
■ 地中海性気候	
■ C	
■ 西岸海洋性気候	
■ 冷帯（亜寒帯）気候	
■ ツンドラ気候	
■ D	
▨ 高山気候	

（「ディルケ世界地図」2015年版ほか）

□ ❶ 次の①〜④の雨温図にあてはまる気候区を，地図中の A 〜 D から選びなさい。

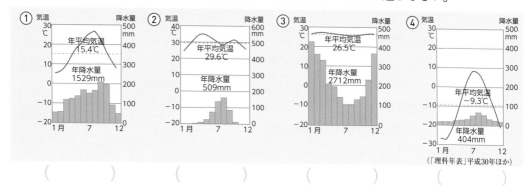

（「理科年表」平成30年ほか）

（　　　　　）　（　　　　　）　（　　　　　）

□ ❷ 世界の気候帯から見た日本の気候について，簡単に書きなさい。

（　　　　　　　　　　　　　　　　　　　　　　　　　　　　　　）

【 人々の生活に根付く宗教 】

❻ 右の写真を見て，次の問いに答えなさい。

A

□ ❶ 写真 A は三大宗教の一つで，いのりをしている様子です。
この宗教名を答えなさい。

（　　　　　　　　　　）

□ ❷ ❶の宗教の教典の名前を答えなさい。

（　　　　　　　　　　）

B

□ ❸ 写真 B は三大宗教以外の宗教で，沐浴をしている様子です。
この宗教名を答えなさい。

（　　　　　　　　　　）

💡 ヒント　❺❷地図の凡例を見て答えましょう。日本には大きく二つの気候区があります。

✕ ミスに注意　❺❶気温を見て気候帯を判断し，降水量から細かい気候区分を考えましょう。

Step 3 予想テスト ： **第 1 章 世界各地の人々の生活と環境**　30分　/100点　目標 70点

❶ 次の地図を見て，あとの問いに答えなさい。　各 3 点

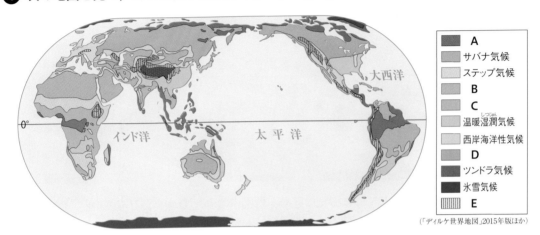

（「ディルケ世界地図」2015年版ほか）

凡例：
- A
- サバナ気候
- ステップ気候
- B
- C
- 温暖湿潤気候
- 西岸海洋性気候
- D
- ツンドラ気候
- 氷雪気候
- E

□❶ 温帯で，夏は乾燥し，冬に雨が降る温帯の気候区を，地図の
　　A〜Eから選びなさい。また，この気候区の名前を答えなさい。技

□❷ 右の雨温図にあてはまる気候区を，地図のA〜Eから選びなさい。
　　また，この気候区の名前を答えなさい。技

□❸ 熱帯雨林がひろがる，多種多様な動物や植物が生息する気候区を，
　　地図のA〜Eから選びなさい。また，この気候区の名前を答えなさい。技

□❹ 一年を通してとても雨が少なく，オアシスが点在する気候区を，
　　地図のA〜Eから選びなさい。また，この気候区の名前を答えなさい。技

□❺ 雨は降るが，標高が高く気温が低いため樹木が少ない気候区を，
　　地図のA〜Eから選びなさい。また，この気候区の名前を答えなさい。技

雨温図：
気温　降水量
年平均気温 0.9℃
年降水量 479mm
（「理科年表」平成30年ほか）

❷ 右の地図を見て，次の問いに答えなさい。　各 4 点

□❶ 世界で最も広く分布し
　　ている宗教を，A〜D
　　から選びなさい。技

□❷ 1 日 5 回，聖地メッカ
　　に向かっていのる宗教
　　を，A〜Dから選びな
　　さい。

□❸ 牛は神の使いとされ，
　　牛肉を食べない宗教を，A〜Dから選びなさい。

□❹ 地図のA〜Dにあてはまる宗教名を答えなさい。

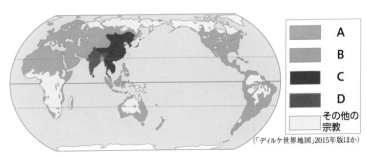

↑世界の宗教分布

凡例：A　B　C　D　その他の宗教

（「ディルケ世界地図」2015年版ほか）

❸ 右の写真を見て，次の問いに答えなさい。 各４点，❸のみ６点

□ ❶ 写真Ｉの地域の気候帯を答えなさい。[技]

□ ❷ 写真Ｉの地域の暮らしについてあてはまるものを，㋐〜㋓から二つ選びなさい。

㋐ 多くの人々は，たけが長く，風通しの良い服装をしている。

㋑ 各地で焼畑(やきはた)農業が行われてきた。

㋒ 多くの人々は木造の住居に住んでいる。

㋓ この気候帯の人口は減少し続けている。

点UP □ ❸ 写真IIはロシアで多く見られる集合住宅です。高床(たかゆか)になっている理由を「永久凍土(とうど)」という言葉を使って簡単に書きなさい。[思]

□ ❹ アジア北部のシベリアに広がる広大な針葉樹の森林を何とよぶか答えなさい。

□ ❺ 写真IIIはイタリアのぶどう畑の様子です。この地域の自然やくらしについて，正しいものには◯を，間違っているものには×を付けなさい。

① 多くの家のかべは石で造られている。

② 多くの家では窓は大きくして，日光を取りこむ工夫をしている。

③ 夏は暑く乾燥するため，ぶどう栽培(さいばい)が盛(さか)んである。

④ この地域では，ぶどうの他にりんごやなしの栽培も盛んである。

⑤ この地域の気候は，温暖湿潤気候である。

写真Ｉ

写真II

写真III

❶	❶		❷		
	❸		❹		
	❺				
❷	❶	❷	❸	❹ A	
	B		C		D
❸	❶		❷		❸
	❹		❺ ①	②	③ ④
	⑤				

❶ ／30点 ❷ ／28点 ❸ ／42点

［解答▶p.4］

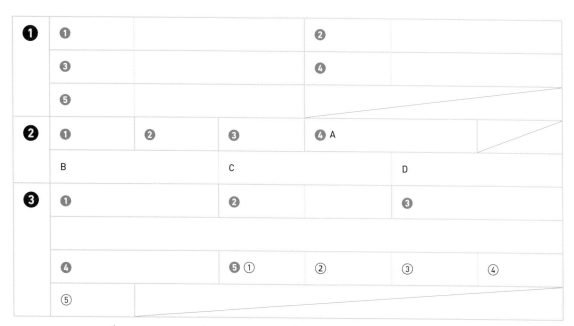

Step 1 基本チェック ・ **第2章 世界の諸地域①** 10分

次の問題に答えよう！　間違った問題には□にチェックをいれて，テスト前にもう一度復習！

❶ アジア州　▶ 教 p.56-69

解答欄

□ ❶ 中央部にある［世界の屋根］とよばれる地域にあるのは何山脈か。

❶

□ ❷ アジアの気候に影響を与える，半年ごとに向きを変える風を何とよぶか。

❷

□ ❸ 大韓民国（韓国），シンガポール，台湾，ホンコン（香港）などの急速に成長した国や地域を何とよぶか。▶ 図1

❸

□ ❹ 中国で工業化を進めるために，外国企業を受け入れている地区を何というか。

❹

□ ❺ 東南アジアで多くの国々が加盟している国際組織とは何か。

❺

□ ❻ インドのベンガルールは，どのような産業の中心地か。

❻

□ ❼ 西アジアの多くの産油国が加盟している国際機構とは何か。

❼

❷ ヨーロッパ州　▶ 教 p.74-83

□ ❽ ヨーロッパの気候に影響を与える［北大西洋海流］の上空からふく風とは何か。

❽

□ ❾ 1993年に結成されたヨーロッパの国々の経済統合とは何か。▶ 図2

❾

□ ❿ 国境をこえた広い範囲で生物が死んだり，木を枯らす酸性の雨を何というか。

❿

□ ⓫ 一人あたりの［国民総所得（GNI）］の格差など，❾の地域内で起こっている問題とは何か。

⓫

□ ⓬ 1980年代以降，ヨーロッパで成長した産業とは何か。

⓬

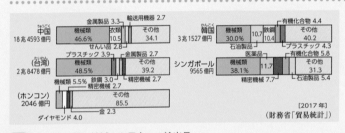

図1 アジアの国・地域から日本への輸出品
日本はアジアNIESから機械類を多く輸入しており，工業での結び付きが強い。

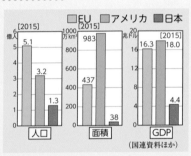

図2　EU全体で見ると，アメリカ，日本に対抗する大国のようになる。

［解答 ▶ p.5］

Step 2 予想問題 : 第2章 世界の諸地域①

1ページ
10分×3

【 アジア州をながめて 】

❶ 右の地図と雨温図を見て，次の問いに答えなさい。

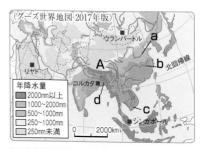

☐ ❶ 地図中の a ～ d の川の名前を答えなさい。

a（　　　　　　） b（　　　　　　）

c（　　　　　　） d（　　　　　　）

☐ ❷ 地図中の A の山脈の名前を答えなさい。

（　　　　　　　）

☐ ❸ 地図中の A の山脈やチベット高原をふくむ範囲は，何とよばれるか答えなさい。　（　　　　　　）

☐ ❹ 右の①・②の雨温図にあてはまる都市を，地図中から選んで書きなさい。

①（　　　　　　） ②（　　　　　　）

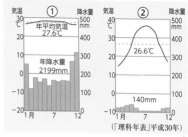

☐ ❺ 東南アジアや南アジアで年降水量が多い理由を，簡単に書きなさい。

（　　　　　　　　　　　　　　　　　）

【 アジアNIESの成長／巨大な人口が支える中国／都市化が進む東南アジア 】

❷ 右の地図を見て，次の問いに答えなさい。

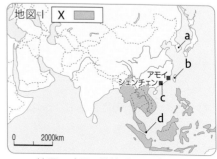

☐ ❶ 地図Ⅰのアモイやシェンチェンなどの外国企業を受け入れている地区を，何というか答えなさい。

（　　　　　　　　）

☐ ❷ 地図Ⅰの a ～ d は，工業化によって急速に成長した国や地域です。これらを何とよぶか答えなさい。　（　　　　　　　）

☐ ❸ 地図Ⅰの X の国々が加盟している国際組織を，アルファベットで答えなさい。（　　　　　　　）

☐ ❹ 地図Ⅱから考えられる中国の課題を，㋐～㋒から選びなさい。

　㋐ 北部と南部の格差

　㋑ 沿岸部と内陸部の格差

　㋒ 西部の公害　　　　（　　　　　　　）

地図Ⅱ 中国の地域別 GDP（一人あたり）

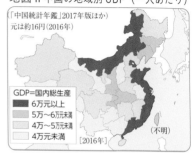

💡ヒント ❶❹①は年平均気温が高い，②は降水量が少ないことに着目して考えましょう。

❌ミスに注意 ❷❶❷二つの答えを混同しないように注意しましょう。

【 急速に成長する南アジア／資源が豊富な西アジア・中央アジア 】

❸ 右の地図を見て，次の問いに答えなさい。

□ ❶ 地図中の A・B の国名を答えなさい。

A（　　　　　　　）B（　　　　　　　）

□ ❷ A 国の国民の約80％が信仰している宗教を
答えなさい。　　　　　　（　　　　　　　）

□ ❸ B 国の国民の大部分が信仰している宗教を
答えなさい。　　　　　　（　　　　　　　）

□ ❹ 地図中の a はICT（情報通信技術）産業の中心地です。
この都市名を答えなさい。（　　　　　　　）

□ ❺ 地図中の X の国々が加盟している国際機構を，アルファベットで答えなさい。
（　　　　　　　）

□ ❻ 地図中の Y の地域で，石炭や石油，天然ガスの他に生産が盛んな鉱産資源を答えなさい。
（　　　　　　　）

【 ヨーロッパ州をながめて 】

❹ 右の地図と雨温図を見て，次の問いに答えなさい。

□ ❶ 地図中の a・b の河川・山脈名を答えなさい。

a（　　　　　　　）b（　　　　　　　）

□ ❷ 地図中の X と Y は，ヨーロッパの気候を温暖にして
いる要因です。これらの海流と風の名前を答えなさい。

X（　　　　　　　）Y（　　　　　　　）

□ ❸ 地図中の Z の沿岸部に見られる地形を答えなさい。
（　　　　　　　）

□ ❹ 右の①・②の雨温図にあてはまる都市を，
地図中から選んで書きなさい。

①（　　　　　　　）②（　　　　　　　）

□ ❺ ヨーロッパで広く信仰されている宗教を答えなさい。
（　　　　　　　）

□ ❻ 地中海沿岸の農業の様子が書かれた次の文の[　　]に
あてはまる言葉を答えなさい。

・地中海沿岸は[　　　　　]に強いオリーブなどの果実の
栽培が盛んである。

（　　　　　　　）

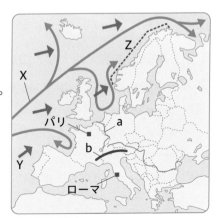

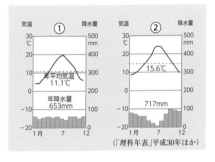

（「理科年表」平成30年ほか）

💡│ヒント ❹❷ X は暖流で，Y は暖流の上を西にふく風です。

❌│ミスに注意 ❹❹ パリは西岸海洋性気候で，ローマは地中海性気候です。

［解答 ▶ p.5］

【ヨーロッパ統合の動き】

❺ 右の写真を見て，次の問いに答えなさい。

□ ❶ 1967年に結成した，EUの前身となる地域統合の名前を答えなさい。　（　　　　　）

□ ❷ 写真Ⅰ はEU域内の多くの国々が導入している共通通貨です。この通貨の名前をカタカナで答えなさい。　（　　　　　）

□ ❸ 写真Ⅱ はイギリスとフランスを結ぶ高速鉄道のトンネルです。この鉄道の名前をカタカナで答えなさい。　（　　　　　）

□ ❹ EUの説明として間違っているものを，㋐～㋓から選びなさい。

㋐ 域内の国々の間は，通過が自由である。
㋑ 経済だけではなく，政治的にも結び付いている。
㋒ 通勤での国家間の移動は禁止されている。
㋓ 域内どうしの貿易には関税がかからない。

（　　　）

写真Ⅰ

写真Ⅱ

【持続可能な社会に向けて／EUがかかえる課題】

❻ 右の地図を見て，次の問いに答えなさい。

□ ❶ 国民総所得をアルファベット3文字で表しなさい。　（　　　　　）

□ ❷ ヨーロッパがかかえる課題について，次の文の①～④にあてはまる言葉を，㋐～㋖から選びなさい。

> ルーマニアやブルガリアの一人あたりの国民総所得は（　①　）ドル未満であるのに対し，西ヨーロッパの国々は（　②　）ドル以上である。このような格差によって，ドイツやイギリスには東部や南部などから来る（　③　）が増加している。また，地球温暖化の原因となる温室効果ガスの排出（はいしゅつ）を減らすために（　④　）の利用も進められている。

㋐ 3万　　㋑ 2万　　㋒ 1万　　㋓ 原子力
㋔ 外国人労働者　　㋕ 植民地　　㋖ 再生可能エネルギー

①（　　　　　）
②（　　　　　）
③（　　　　　）
④（　　　　　）

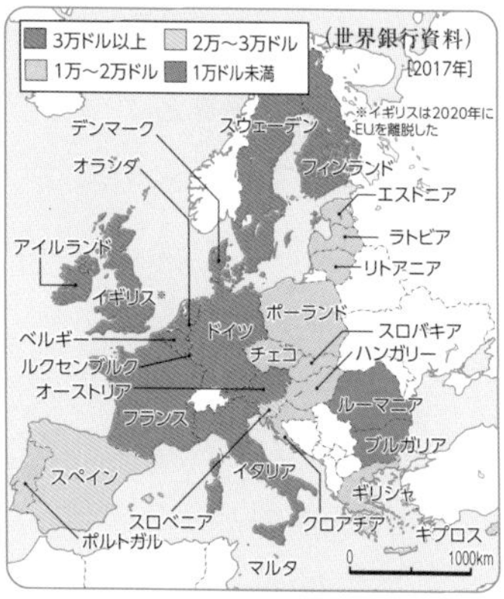

↑EU各国の一人あたりの国民総所得

[ヒント] ❺❸写真の中にヒントがあります。よく写真を見ましょう。

[ミスに注意] ❻❶GNP（国民総生産）やGDP（国内総生産）と間違えないようにしましょう。

Step 3 予想テスト 第2章 世界の諸地域①

30分 /100点 目標70点

❶ 右の地図を見て，次の問いに答えなさい。 各3点，❶のみ2点

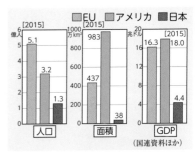

□ ❶ 地図中の A・B は風を表しています。
冬にふく風はどちらか選びなさい。

□ ❷ A・B のように，半年ごとに向きが変わる
風を何というか，カタカナで答えなさい。

□ ❸ B の風によって降水量の多い東南アジアの
大河流域で多く生産されている作物を，
㋐〜㋓から選びなさい。

  ㋐ 小麦　　　㋑ 稲（いね）

  ㋒ ぶどう　　㋓ あぶらやし

□ ❹ 地図中の a〜c の国で，最も広まっている宗教を，それぞれ答えなさい。

□ ❺ 地図中の d・e の国名を答えなさい。

□ ❻ 地図中の d・e の国などにある，天然ゴムやコーヒーなどの大農園を何とよぶか答えなさい。

□ ❼ 地図中の X・Y の国々が加盟する国際組織の名前を，それぞれアルファベットで答えなさい。

❷ 右のグラフや地図を見て，次の問いに答えなさい。 各4点

□ ❶ 右のグラフをみて，EUについて当てはまるものには○を，
間違っているものには×を付けなさい。技

  ① 人口で見ると，EUよりアメリカのほうが多い。

  ② GDPを比較（ひかく）すると，EUは日本の約4倍近くある。

  ③ 面積で見ると，アメリカはEUの約3倍ある。

  ④ 小国でも経済統合によって，大国に対抗（たいこう）できる。

□ ❷ EU加盟国どうしの貿易が盛（さか）んな理由を，「関税」という
言葉を使って，簡単に書きなさい。思

□ ❸ EU加盟国の多くが導入している共通通貨を
何というか答えなさい。

□ ❹ ロンドンとパリを結ぶ高速鉄道の名前を答えなさい。

□ ❺ 右の地図から考えられるヨーロッパの課題について，
「経済格差」という言葉を使って，簡単に書きなさい。思

□ ❻ ドイツやイギリスなどに，EUの東部や南部から流入してい
るものを，右の地図を参考に㋐〜㋓から選びなさい。思

  ㋐ 観光客　　㋑ 工業原料

  ㋒ 農作物　　㋓ 外国人労働者

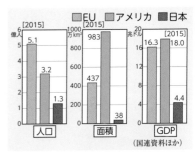

↑EU，アメリカ，日本の比較

↑EU各国の一人あたりの国民総所得

❸ 右の資料を見て，次の問いに答えなさい。 各4点

□ **❶** 資料Ⅰと資料Ⅱから，中国について考えられることには○を，考えられないことには×を付けなさい。 思

① 西部より東部の方が農業が発達している。

② 東部は工業が発達しているが，人口は西部のほうが多い。

③ 東部は工業が発達し，人口が多いため，大気汚染がおこりやすい。

④ 東部と西部には経済格差がある。

資料Ⅰ

「中国統計年鑑」2017年版ほか
元は約16円（2016年）

GDP＝国内総生産
■ 6万元以上
▨ 5万～6万元未満
▨ 4万～5万元未満
□ 4万元未満
（不明）
[2016年]

↑中国の地域別GDP（一人あたり）

資料Ⅱ

↑首都ペキン（北京）の大気汚染

資料Ⅲ

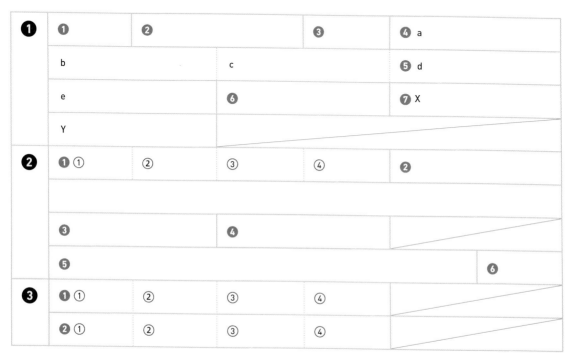

↑立ちがれた森林（ドイツ）

資料Ⅳ

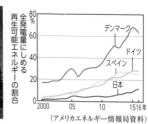

↑再生可能エネルギーによる発電量

□ **❷** 資料Ⅲと資料Ⅳから，ヨーロッパについて考えられることには○を，考えられないことには×を付けなさい。 思

① ドイツなどで酸性雨による環境破壊が広がり，問題となっている。

② 環境破壊が広がるドイツでは，再生可能エネルギーの割合が減っている。

③ デンマークやドイツ，スペインでは，環境をかえりみない工業生産が行われている。

④ デンマークやドイツ，スペインは日本よりも再生可能エネルギー利用が進められている。

❶	❶		❷		❸		❹ a
	b			c			❺ d
	e			❻			❼ X
	Y						

❷	❶ ①		②		③	④	❷
	❸			❹			
	❺						❻

❸	❶ ①	②	③	④	
	❷ ①	②	③	④	

❶ ／32点　❷ ／36点　❸ ／32点

第 2 章 世界の諸地域② 10分

次の問題に答えよう！　間違った問題には□にチェックをいれて，テスト前にもう一度復習！

1 アフリカ州　▶ 教 p.88-95

解答欄

□ ❶ ［植民地］時代，［カカオ］や綿花，コーヒー，茶などの
　　栽培（さいばい）のもととなった農業の形態とは何か。

□ ❷ 乾燥帯（かんそう）で移動しながらやぎや羊を飼育する牧畜（ぼくちく）を何というか。

□ ❸ アフリカなどで注目されている，携帯電話などの電子部品の
　　材料となる希少金属を何とよぶか。▶ 図1

□ ❹ 少ない種類の農作物や鉱産資源の輸出で成り立っている経済を
　　何というか。

□ ❺ 2002年に結成されたアフリカの地域統合とは何か。

❶ ＿＿＿＿＿

❷ ＿＿＿＿＿

❸ ＿＿＿＿＿

❹ ＿＿＿＿＿

❺ ＿＿＿＿＿

2 北アメリカ州　▶ 教 p.100-109

□ ❻ 2020年 7 月に失効した，北米（ほくべい）自由貿易協定の略称は何か。

□ ❼ 中南米からアメリカに移住してきた人々を何とよぶか。

□ ❽ アメリカで行われている，地域の環境（かんきょう）に適した農作物を栽培する
　　農業を何というか。

□ ❾ 大型の機械や設備を利用し，少ない労働力で広い面積を経営する
　　農業を何というか。▶ 図2

□ ❿ 北緯（ほくい）37度付近から南の［ICT］（情報通信技術）関連の産業が
　　発達した地域を何とよぶか。

□ ⓫ サンフランシスコ南部のハイテク（先端（せんたん）技術）産業が集中している
　　地区を何とよぶか。

❻ ＿＿＿＿＿

❼ ＿＿＿＿＿

❽ ＿＿＿＿＿

❾ ＿＿＿＿＿

❿ ＿＿＿＿＿

⓫ ＿＿＿＿＿

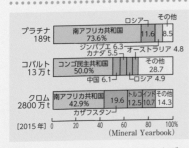

図1 プラチナ，コバルト，クロムなどの
レアメタルの多くはアフリカで産出される。

図2 アメリカでは，センターピ
ボット方式の大規模なかんがいを
行うなど，企業的な農業が進めら
れている。

アメリカは適地適作と企業的な
農業によって，世界有数の農業
生産国となっているよ。

［解答 ▶ p.7］

Step 2 予想問題 ：**第2章 世界の諸地域②**

1ページ
10分×3

【 アフリカ州をながめて 】

❶ 右の地図や雨温図を見て，次の問いに答えなさい。

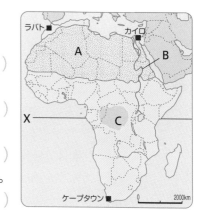

□ ❶ 地図中の A の砂漠（さばく），B の川，C の盆地（ぼんち）の名前を
答えなさい。

A（　　　　　　　　　）　B（　　　　　　　　）

C（　　　　　　　　　）

□ ❷ 地図中の X の緯度（いど）を答えなさい。　（　　　　　　　　）

□ ❸ 右の雨温図が示す都市を，地図中から選びなさい。

（　　　　　　　　）

□ ❹ A砂漠の北で，信仰（しんこう）されている宗教の名前を答えなさい。

（　　　　　　　　）

□ ❺ ヨーロッパ諸国の植民地支配を受けていない国を，⑦～⑤から選びなさい。

⑦ エジプト　　④ アルジェリア　　⑦ エチオピア　　⑤ ケニア

（　　　　　　　　）

□ ❻ 16～18世紀，アメリカの労働力としてアフリカから強制的に
連れていかれた人々を何とよびますか。漢字2文字で答えなさい。

（　　　　　　　　）

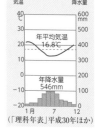

気温　　　　　降水量

（「理科年表」平成30年ほか）

【 アフリカの産業と新たな開発／発展に向けた課題 】

❷ 次の文を読んで，あとの問いに答えなさい。

植民地支配を受けてきたアフリカでは，現在でも⑦カカオや④綿花，⑦コーヒー，⑤茶などの（　①　）農業が盛（さか）んである。その影響（えいきょう）で，aコートジボワールのように，国の経済を少ない種類の農産物にたよる（　②　）経済の国も少なくない。しかし，20世紀半ばからbコバルトなどの（　③　）や石油が注目されるようになり，また，2002年には（　④　）が結成されて，アフリカでは発展に向けた努力が進められている。

□ ❶ 文中の①～④にあてはまる言葉を答えなさい（④はアルファベットで答えなさい）。

①（　　　　　　）　②（　　　　　　）　③（　　　　　　）　④（　　　　　　）

□ ❷ 文中の a の国を支えている農作物を，文中の⑦～⑤から選びなさい。　（　　　　　）

□ ❸ 文中の b の産出量が世界第1位の国を，⑦～⑤から選びなさい。　（　　　　　）

⑦ ボツワナ　　④ ナイジェリア　　⑦ 南アフリカ共和国　　⑤ コンゴ民主共和国

- -

💡ヒント ❷❸赤道直下の国で，ダイヤモンドの産出量も多いです。

✖ミスに注意 ❶❸7・8月に気温が下がるのは南半球の都市です。

【北アメリカ州をながめて】

❸ 右の地図と雨温図を見て，次の問いに答えなさい。

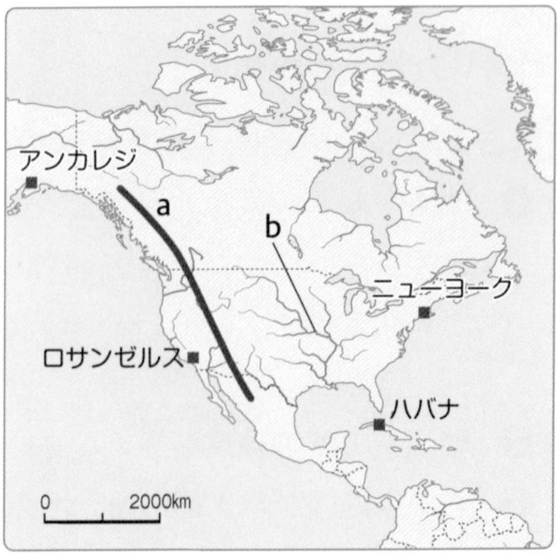

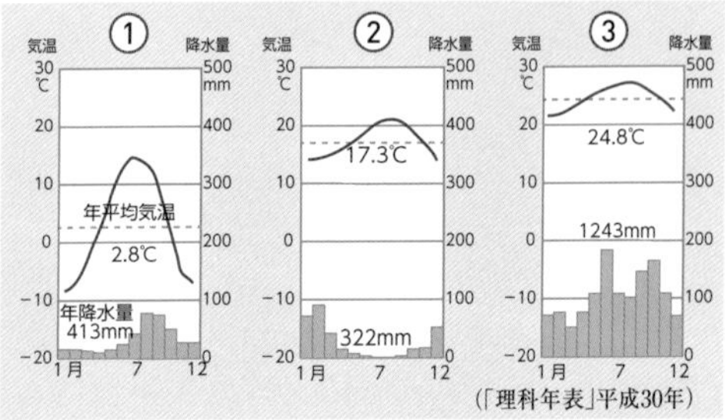

□ ❶ 地図中の a の山脈， b の川の名前を答えなさい。

a（　　　　　）　b（　　　　　）

□ ❷ 雨温図①～③に当てはまる都市を，地図中から選びなさい。

①（　　　　　）　②（　　　　　）

③（　　　　　）

□ ❸ 北アメリカ州について正しいものを，㋐～㋓から二つ選びなさい。

㋐ 17世紀以降，ヨーロッパから来た移民によって先住民の生活は守られた。

㋑ 北アメリカ州３か国はNAFTA(ナフタ)を結ぶなど，経済的に結び付いてきた。

㋒ 多くの人がキリスト教を信仰(しんこう)している。

㋓ アメリカでは英語，カナダではスペイン語が使われている。

（　　　　）（　　　　）

【巨大な農業生産力と移民】

❹ 右の地図を見て，次の問いに答えなさい。

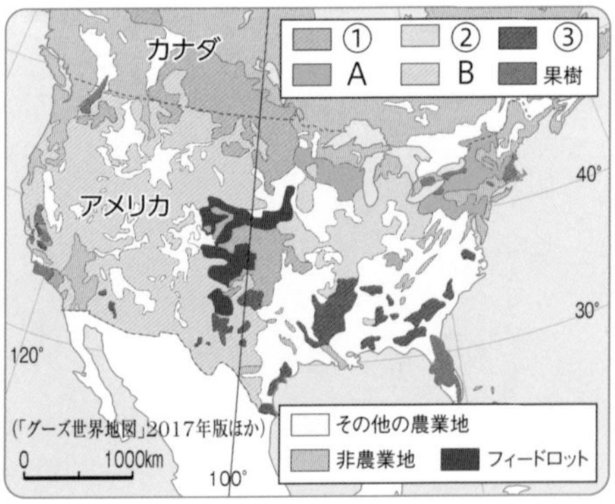

↑アメリカ・カナダの農業地域

□ ❶ 地図中の①～③に当てはまる農作物を，㋐～㋓から選びなさい。

㋐ とうもろこし・大豆　㋑ 綿花

㋒ 小麦　㋓ 稲(いね)

①（　　　　）②（　　　　）③（　　　　）

□ ❷ 地図中の A・B に当てはまる畜産(ちくさん)の形態を，㋐～㋓から選びなさい。

㋐ 遊牧　㋑ 移牧　㋒ 放牧　㋓ 酪農(らくのう)

A（　　　　）　B（　　　　）

□ ❸ 右の地図のような分布を示すアメリカの農業の特徴(とくちょう)を，漢字４文字で答えなさい。

（　　　　　　　）

□ ❹ アメリカで行われている，少ない労働力で広い面積を経営する農業を，何というか答えなさい。

（　　　　　　　）

[ヒント] ❸❸ NAFTAとは，2020年７月まで結ばれていた北米自由貿易協定の略称(りゃくしょう)です。

[ミスに注意] ❹❷ 選択肢(せんたくし)の畜産の形態は，それぞれどのような特徴があるのかを考えましょう。

[解答▶p.7]

【 巨大な工業生産力 】

❺ 右の地図を見て，次の問いに答えなさい。

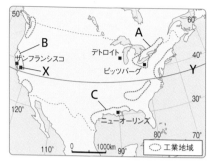

□ ❶ 次の説明に当てはまる工業地域を，
地図中の A ～ C から選びなさい。

① 最も早くから重工業を中心に工業が発達した。

② 航空宇宙産業が発達している。

③ コンピューターやインターネット関連企業が
特に多い。

①(　　　　)　②(　　　　)　③(　　　　)

□ ❷ 地図中の X のICT関連企業が集中している地域は何とよばれているか答えなさい。

(　　　　　　　　　　　)

□ ❸ 地図中 Y は北緯37度(ほくい)を示しています。これについてあてはまるものを，㋐～㋓から選びな
さい。　(　　　　)

㋐ これより南は，鉄鋼や自動車関連工場が集まるサンベルトとよばれる。

㋑ これより南は，ICT関連企業が集まるサンベルトとよばれる。

㋒ これより南は，人口が特に多い地域である。

㋓ これより北は，農業中心，南は工業中心の地域である。

【 新しい産業と生活文化 】

❻ 次の文を読んで，あとの問いに答えなさい。

アメリカでは便利で快適な生活をするために，（　①　）で自由に移動する社会がつくら
れてきた。また，広大な駐車場(ちゅうしゃじょう)を持つ（　②　）もアメリカの特徴(とくちょう)の一つである。一方で，
メキシコや中央アメリカ，西インド諸島の国々の人々との収入の格差が大きく，アメリカ
に移住する人が増えている。

□ ❶ 文中の①・②にあてはまる言葉を，㋐～㋓から選びなさい。

㋐ 大型ショッピングセンター　　㋑ コンビニエンスストア

㋒ 鉄道　㋓ 自動車　　　　　　　　①(　　　　)　②(　　　　)

□ ❷ 下線部に書かれている移民を何とよぶか答えなさい。

(　　　　　　　　　　　)

□ ❸ 近年，ICT関連企業に多く採用されている人々を，㋐～㋓から選びなさい。

㋐ ラテンアメリカ系の人々　　㋑ ヨーロッパ系の人々

㋒ アフリカ系の人々　　㋓ アジア系の人々

(　　　　)

⚙ヒント ❻❶近年，日本の社会も同様に変化してきています。

✖ミス注意 ❺❶五大湖(ごだいこ)周辺では，水運や付近でとれる鉄鉱石を利用して重工業が発達しました。

Step 3 予想テスト ● **第 2 章 世界の諸地域②**

30分　／100点　目標 70点

❶ 右の地図とグラフを見て，次の問いに答えなさい。 各 4 点

☐ ❶ 右の地図は，1914年におけるアフリカの様子を
表しています。A・Bにあてはまる国名を，㋐～㋓から
選びなさい。技
　㋐ デンマーク領　　㋑ フランス領
　㋒ アメリカ領　　　㋓ イギリス領

☐ ❷ 右のグラフは，国別の輸出品を表しています。
a ～ c に当てはまるものを，㋐～㋓から選びなさい。技
　㋐ カカオ豆　　　㋑ ダイヤモンド
　㋒ 小麦　　　　　㋓ 石油

☐ ❸ 右のグラフの国々のように少ない種類の農産物や
鉱産資源の輸出にたよる経済を何というか答えなさい。

☐ ❹ アフリカに右のグラフの 3 か国に似た経済の国々が
多い理由を，右上の地図に関連付けて，簡単に書き
なさい。思

☐ ❺ 植民地時代にヨーロッパ諸国が開いた大農園を
何とよぶか答えなさい。

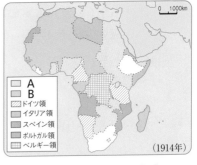

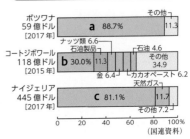

↑農産物や鉱産物にかたよる輸出品

❷ 次の問いに答えなさい。 各 5 点

☐ ❶ 右の地図とグラフを見て，次の①～③にあてはまる
都市や地区を，地図中から選びなさい。
　① かつての自動車工業の中心
　② かつての鉄鋼業の中心
　③ 現在のICT関連企業が集まる地区

☐ ❷ 「サンベルト」について，地図中の X・Y のどちらか
の記号を使って，簡単に書きなさい。思

☐ ❸ 右のグラフの a にあてはまる語句を，答えなさい。技

☐ ❹ ヒスパニックが多い地域を，㋐～㋓から選びなさい。
　㋐ 東部　　　㋑ 西部
　㋒ 北部　　　㋓ 南部

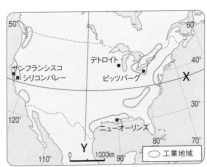

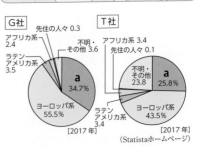

↑シリコンバレーにある主な企業の社員構成

❸ 右の写真と表を見て，次の問いに答えなさい。 各3点，❷のみ5点

□ ❶ 写真Ⅰは大規模なかんがい設備です。
これを何方式というか答えなさい。

□ ❷ 写真Ⅰの設備の長所を，「労働力」という言葉を使って，
簡単に書きなさい。思

□ ❸ 写真Ⅱは大規模な肉牛肥育場です。これを何とよぶか
答えなさい。

□ ❹ アメリカの農業についてあてはまるものには○を，
あてはまらないものには×を付けなさい。

① 大規模な農地を多くの人で経営している。

② 大規模な農地を少人数で経営している。

③ 地域ごとに自然環境に適した
農作物を栽培している。

④ 大型の機械を導入した農業を
行っている。

□ ❺ 右の表の①〜④にあてはまる数字を，
㋐〜㋓から選びなさい。技 思

㋐ 5.8 t 　　㋑ 198.0 t

㋒ 182.3ha 　㋓ 2.3ha

□ ❻ アメリカの西部で放牧が盛んな理由を，㋐〜㋓から選びなさい。
㋐ 乾燥しているため 　㋑ 雨が多いため 　㋒ 人口が多いため 　㋓ 人口が少ないため

写真Ⅰ

写真Ⅱ

第2章

	アメリカ	日本
農民一人あたりの農地面積（2014年）	①	②
農民一人あたりの機械保有台数	2.26台（2007年）	1.51台（2010年）
農民一人あたりの穀物の収穫量（2014年）	③	④

↑アメリカと日本の農業経営

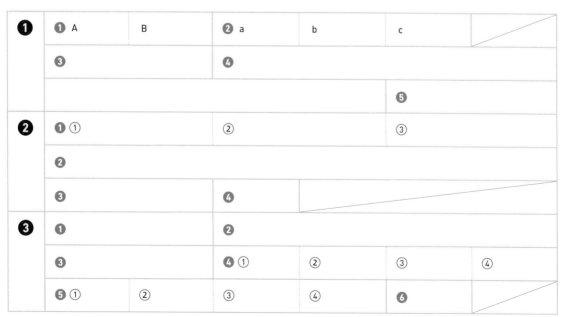

❶	❶ A	B	❷ a	b	c	
	❸		❹			
					❺	
❷	❶ ①		②		③	
	❷					
	❸		❹			
❸	❶		❷			
	❸		❹ ①	②	③	④
	❺ ①	②	③	④	❻	

❶ ／32点 　❷ ／30点 　❸ ／38点

Step 1 基本チェック ● 第2章 世界の諸地域③ 〔10分〕

次の問題に答えよう！　間違った問題には□にチェックをいれて，テスト前にもう一度復習！

1 南アメリカ州　▶ 教 p.114-121

解答欄

□ ❶ 太平洋側を南北に連なるのは何山脈か。

❶

□ ❷ 大西洋側の赤道付近に河口を持つのは何川か。

❷

□ ❸ ❶の山脈で，15世紀に最盛期をむかえた［先住民］の帝国とは何か。

❸

□ ❹ 熱帯林が広がる地域で古くから行われてきた，切りたおした木を燃やし，灰を肥料にする農業を何というか。▶ 図1

❹

□ ❺ 日本が最も多く銅鉱石を輸入している国はどこか。

❺

□ ❻ さとうきびやとうもろこしなどの植物原料からとれるアルコール燃料を何というか。

❻

2 オセアニア州　▶ 教 p.126-133

□ ❼ オセアニア州を構成するのは，オーストラリア大陸，ポリネシア，メラネシアと，あと一つはどこか。

❼

□ ❽ オーストラリアの先住民とは何か。

❽

□ ❾ ニュージーランドの先住民とは何か。

❾

□ ❿ 東部や南西部で広く飼育されている家畜は何か。▶ 図2

❿

□ ⓫ 北東部で広く飼育されている家畜は何か。▶ 図2

⓫

□ ⓬ 1989年に結成されたアジア太平洋経済協力の略称は何か。

⓬

□ ⓭ 中国にルーツを持つ移民を何とよぶか。

⓭

□ ⓮ アジアからの移民を制限するために採られていた政策は何か。

⓮

図1 人々は焼畑農業を行うことで，森林を守ってきた。

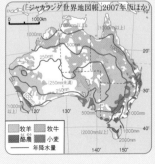

図2 オーストラリアの農業
羊は年降水量500mm以下の地域，牛は500mm以上の地域を中心に飼育されている。

南アメリカ州もオセアニア州も，日本との貿易による結び付きが強いよ。

〔解答 ▶ p.9〕

Step 2 予想問題

第2章 世界の諸地域③

1ページ 10分×3

【南アメリカ州をながめて】

❶ 右の地図や雨温図を見て，次の問いに答えなさい。

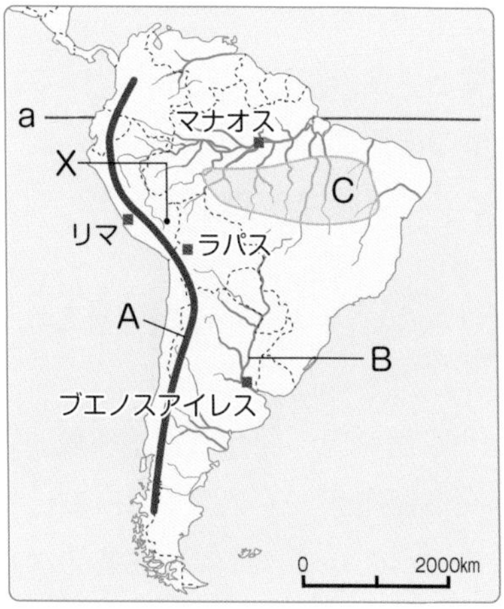

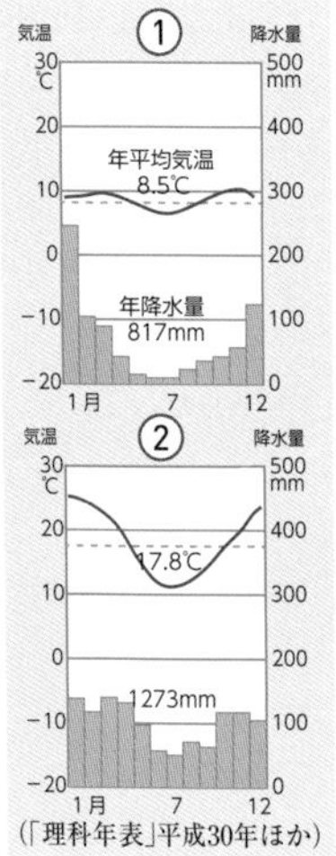

（「理科年表」平成30年ほか）

□ ❶ 地図中のAの山脈，Bの川，Cの高原の名前を答えなさい。

A（　　　　）

B（　　　　）

C（　　　　）

□ ❷ 地図中のaの緯度を答えなさい。

（　　　　）

□ ❸ 雨温図①・②にあてはまる都市を，地図中から選びなさい。

①（　　　　）

②（　　　　）

□ ❹ 地図中のXには，観光地となっているマチュピチュ遺跡があります。この遺跡を築いた帝国の名前を答えなさい。（　　　　）

【自然環境と共生する生活】

❷ 次の文を読んで，あとの問いに答えなさい。

アマゾン川は人々の生活に深く関わっている。流域では洪水の際に運ばれる栄養分をふくむ土砂で$_a$農業が行われている。アマゾン川流域の熱帯林では，$_b$切りたおした木を燃やした灰を肥料として使った農業が行われている。

□ ❶ 下線部aの農業の他に，アマゾン川で重要な産業を，㋐〜㋓から選びなさい。

㋐ 鉱業　㋑ 漁業　㋒ 林業　㋓ 商業　（　　　　）

□ ❷ 下線部bのような農業を何とよぶか答えなさい。

（　　　　）

□ ❸ 下線部bの農業が熱帯林に与える影響について，あてはまるものを㋐〜㋓から選びなさい。

㋐ 森林が減少してきている。

㋑ 木を燃やすことによる環境破壊が進む。

㋒ 地球温暖化が進行する。

㋓ 森林が守られる。　（　　　　）

[ヒント] ❷❸ この農業は移動して行います。耕作しない土地がどうなっていくのかを考えましょう。

[ミスに注意] ❶❸ 南半球では北半球と季節が逆なので，7・8月が冬になります。

第2章

【開発の進行と影響】

❸ 右の地図やグラフを見て，次の問いに答えなさい。

□ ❶ 右の地図からわかることを，㋐～㋓から二つ選びなさい。

㋐ アマゾン川流域の広い範囲が国の開発対象地となっている。

㋑ 開発は農業と林業分野のみで進められている。

㋒ 上流近くまで横断道路が建設されている。

㋓ ペルーやボリビア国境までは開発予定ではない。

（　　　　）（　　　　）

□ ❷ 右のグラフの①・②にあてはまる国を答えなさい。

①（　　　　）②（　　　　）

□ ❸ 大規模な農地や鉱産資源の開発による環境問題や資源・エネルギー問題を解決する取り組みの一つとして，ブラジルで生産が盛んなエネルギーを答えなさい。

（　　　　）

□ ❹ ❸をふくむ，太陽光や地熱，風力など，くり返し使うことのできるエネルギーを何とよぶか答えなさい。

（　　　　）

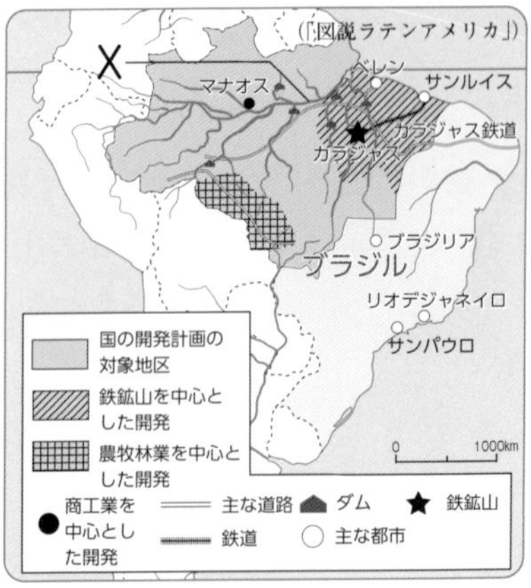

↑ブラジルのアマゾン開発

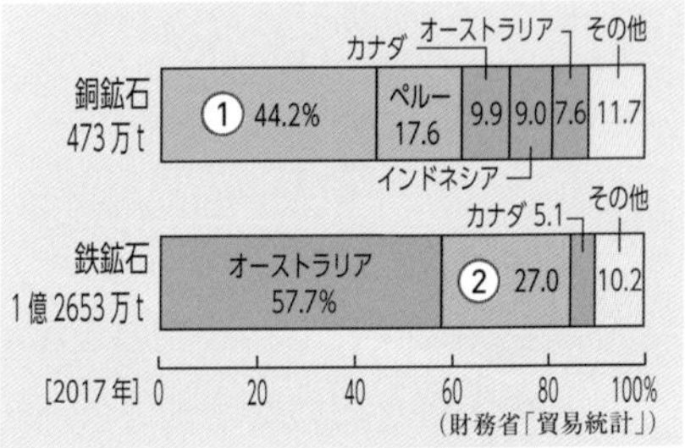

↑日本の銅鉱石と鉄鉱石の輸入相手国

【オセアニア州をながめて】

❹ 右の地図や雨温図を見て，次の問いに答えなさい。

□ ❶ X～Zの地域の名前を答えなさい。

X（　　　　）

Y（　　　　）

Z（　　　　）

□ ❷ 地図中のA山脈，B盆地の名前を答えなさい。

A（　　　　）B（　　　　）

□ ❸ 雨温図①・②にあてはまる都市を，地図中から選びなさい。

①（　　　　）②（　　　　）

□ ❹ ①オーストラリアと②ニュージーランドの先住民の名前を答えなさい。

①（　　　　）②（　　　　）

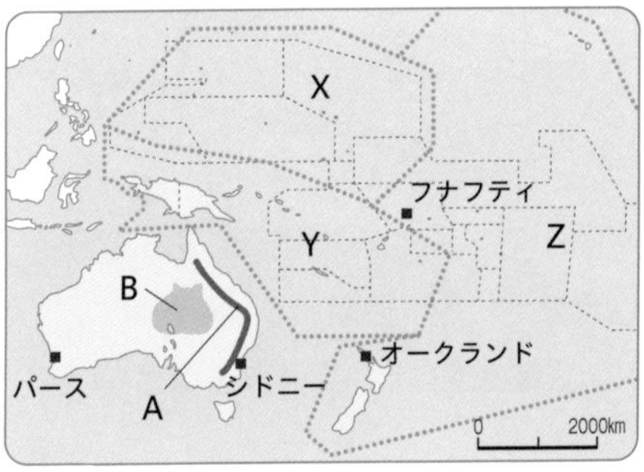

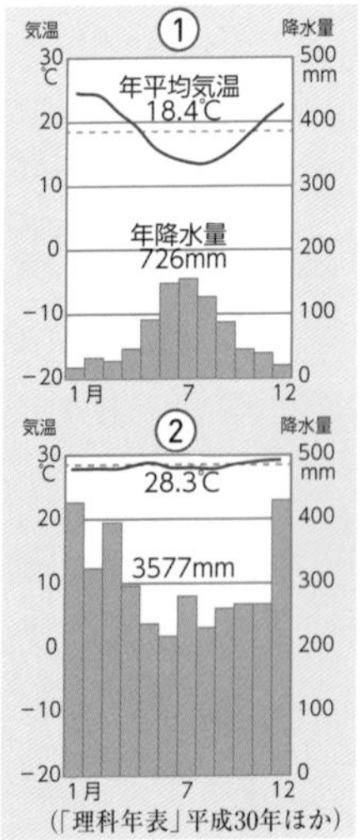

[ヒント] ❸❶地図の凡例を見て考えましょう。

[ミスに注意] ❹❸①の雨温図は，温帯の気温で夏に乾燥するので，地中海性気候です。

[解答▶p.9]

【 貿易を通じた他地域とのつながり 】

❺ 右の地図を見て，次の問いに答えなさい。

□ ❶ 地図中の①〜④にあてはまる農業を，

㋐〜㋓から選びなさい。

㋐ 酪農　㋑ 小麦　㋒ 牧羊　㋓ 牧牛

①（　　　　） ②（　　　　）

③（　　　　） ④（　　　　）

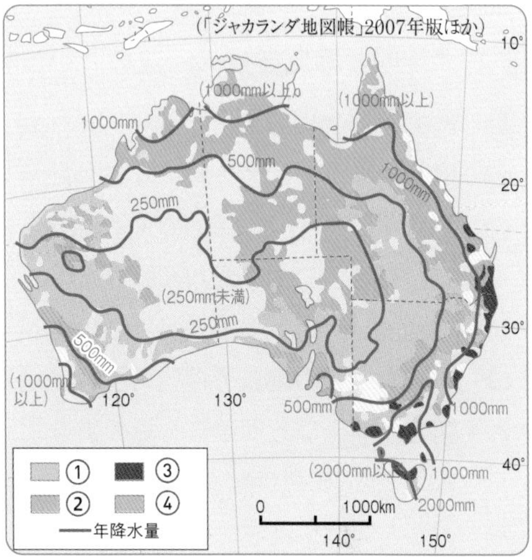

□ ❷ 右のグラフの a・b にあてはまる貿易品を，

㋐〜㋓から選びなさい。

㋐ 石油

㋑ 鉄鉱石

㋒ 羊毛

㋓ 果実

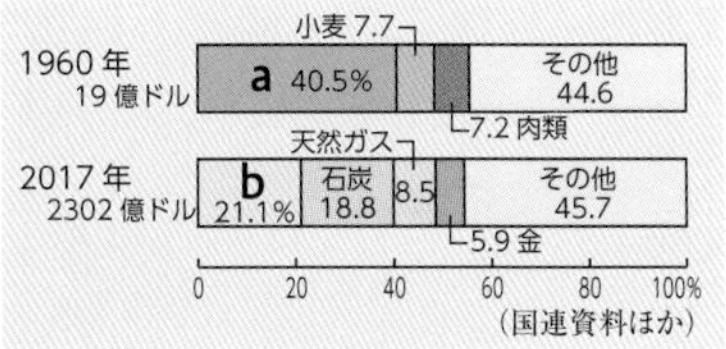

↑オーストラリアの輸出品の変化

a（　　　　） b（　　　　）

□ ❸ 1989年にアジア諸国との関係を強化するために結成した経済協力の略称を，

アルファベットで答えなさい。

（　　　　　　　　）

【 人々による他地域とのつながり 】

❻ 右のグラフを見て，次の問いに答えなさい。

□ ❶ 右のグラフの a に当てはまる州を答えなさい。（　　　　　　　）

□ ❷ 1961年まで，アジア州からの移民がいなかったのは，ある政策が行われたからです。政策の名前を答えなさい。

（　　　　　　　）

□ ❸ アジアからの移民のうち，中国にルーツを持つ人々を何とよぶか答えなさい。

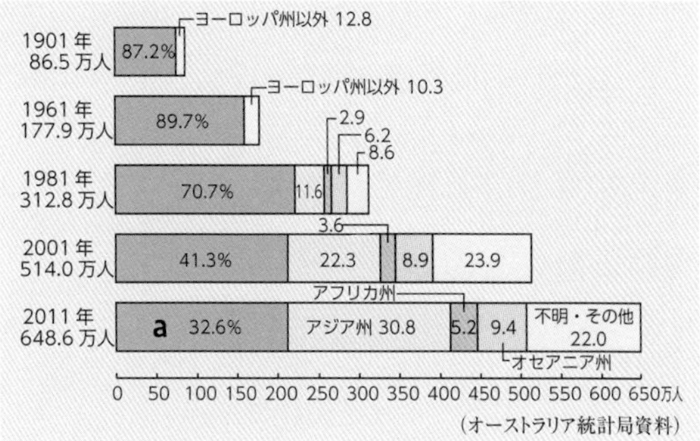

（　　　　　　　）

↑オーストラリアに暮らす移民の出身州別割合の移り変わり

□ ❹ オーストラリアの多文化社会についてあてはまらないものを，㋐〜㋓から選びなさい。

㋐ アボリジニは，先祖の地で暮らすことが法令で定められた。

㋑ シドニーなどの大都市には，チャイナタウンとよばれる中国人街がある。

㋒ アボリジニは，先祖が住んでいた土地の所有権が認められた。

㋓ アジアからの移民が急増したことに反発する動きがある。

（　　　　　　　）

💡ヒント ❺❶牧羊と牧牛の境界は，年降水量500mmの等雨線と重なる部分が多いです。

❌ミスに注意 ❺❸環太平洋パートナーシップ（TPP）と間違えないようにしましょう。

Step 3 **予想テスト** : **第 2 章 世界の諸地域③**

30分 ／100点　目標 70点

❶ **右の地図と写真を見て，次の問いに答えなさい。** 各 3 点，❻のみ 5 点

☐ ❶ 地図中の **A**・**B** の川，**C** の山脈の名前を答えなさい。

☐ ❷ 地図中の **Y** の国名を答えなさい。

☐ ❸ 日本が最も多く地図中の **Y** の国から輸入している
　　鉱産資源を，㋐〜㋑から選びなさい。

　　㋐ 鉄鉱石　　㋑ 石油　　㋒ 金　　㋓ 銅鉱石

☐ ❹ 地図中の **X** の地域では国の開発が進んでいます。
　　開発についてあてはまるものには○を，あてはまらない
　　ものには×を付けなさい。

　　① 大規模な農地や鉱産資源の開発が行われている。

　　② 開発は熱帯林の動植物がいない所に限られている。

　　③ 石油や鉄鉱石の開発は環境に影響しないので，
　　　大規模に進められている。

　　④ 鉱産資源を開発しても，掘りつくされる心配がある。

☐ ❺ 右の写真は，地図中の **X** の地域で行われている
　　農業です。この農業を何というか答えなさい。 技

☐ ❻ 環境問題を解決するために，ブラジルでは地図中の **X** の
　　地域でさとうきび畑を開発し，バイオエタノールの生産を行っています。
　　しかし，これでは環境問題がすべては解決しない理由を，簡単に書きなさい。 思

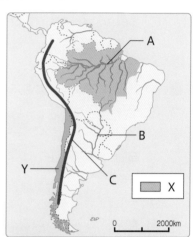

❷ **右のグラフを見て，次の問いに答えなさい。** 各 5 点

☐ ❶ 右のグラフについて，読み取れることには○を，
　　読み取れないことには×を付けなさい。 技

　　① 2011年におけるヨーロッパ州以外の移民は，
　　　約70%である。

　　② 2011年におけるアジア州からの移民は，
　　　約200万人である。

　　③ 1981年以降，ヨーロッパ州からの移民の割合
　　　は増加している。

　　④ ヨーロッパ州からの移民は，2011年よりも1901年のほうが割合が大きいので，
　　　実際の移民の人口も1901年のほうが多い。

☐ ❷ アジア州・アフリカ州・オセアニア州からの移民が，1961年までいなかった理由を，
　　簡単に書きなさい。 思

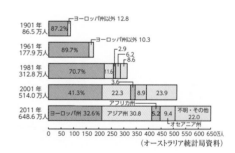
↑オーストラリアに暮らす移民の出身州別割合の移り変わり

❸ 右の地図と写真を見て，次の問いに答えなさい。各4点

□ ❶ 次の①～③にあてはまる農業を，地図Ⅰの凡例(はんれい)から選びなさい。[技]

① 年降水量250～500mmの地域を中心に行われている。

② 大鑽井盆地(だいさんせいぼんち)と年降水量500～1000mmの地域で行われている。

③ 年降水量1000mm以上の地域で行われている。

地図Ⅰ

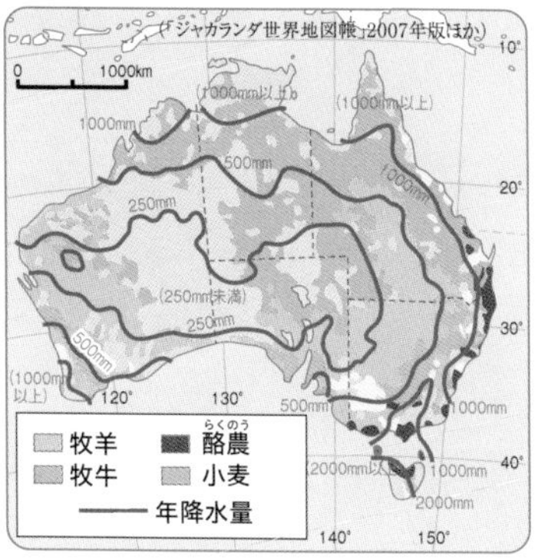

地図Ⅱ

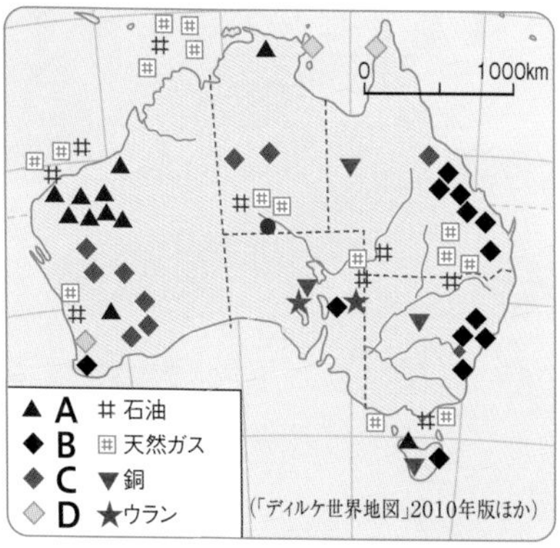

□ ❷ 地図ⅡのA～Dにあてはまる鉱産資源を，㋐～㋓から選びなさい。

㋐ 金　㋑ 石炭　㋒ ボーキサイト　㋓ 鉄鉱石

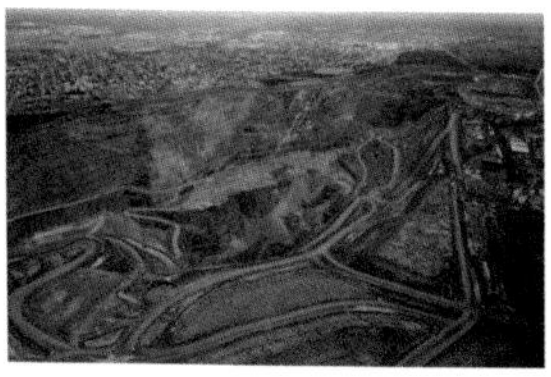

□ ❸ 右の写真は金の鉱山の様子です。このように地表から直に掘り進める採掘(さいくつ)方法を何とよぶか答えなさい。

[点UP] □ ❹ ❸の採掘方法について，あてはまるものを，㋐～㋓から二つ選びなさい。[思]

㋐ 坑道(こうどう)を掘らなくてよいので，費用が安くすむ。

㋑ 金はこの方法でしか採掘できない。

㋒ 石油もこの方法で採掘される。

㋓ 鉱産資源が地表に露出(ろしゅつ)している鉱山で採用される採掘方法である。

❶	❶ A		B	C	
	❷		❸	❹ ①	② ③
	④	❺		❻	
❷	❶ ①	②	③	④	❷
❸	❶ ①		②	③	
	❷ A	B	C	D	❸
	❹				

❶ ／35点　❷ ／25点　❸ ／40点

[解答▶p.10]

Step 1 基本チェック ： 第1章 地域調査の手法 ： 第2章 日本の地域的特色と地域区分

10分

次の問題に答えよう！　間違った問題には□にチェックをいれて，テスト前にもう一度復習！

❶ 地域調査の手法　▶ 教 p.142-155

解答欄

□ ❶ 地図において，実際の距離を縮めた割合を何というか。

❶

□ ❷ 地図において，[高さ]が等しい地点を結んだ線を何というか。

❷

□ ❸ 地図において，建物や土地利用，交通路などを表す記号を何というか。

❸

❷ 日本の地域的特色と地域区分　▶ 教 p.158-177

□ ❹ 飛驒，[木曽]，赤石の三つの山脈は，何とよばれているか。

❹

□ ❺ 日本列島の地形の特徴を東西に分ける境目となっている大きな溝とは何か。

❺

□ ❻ 川が山間部から平野や盆地に流れ出た所にできる地形とは何か。

❻

□ ❼ 深さが[200]mまでの平たんな海底地形を何というか。

❼

□ ❽ 日本の気候に大きな影響を与える，[季節]ごとに向きを変える風を何とよぶか。▶ 図1

❽

□ ❾ 日本の発電の中心となっているのは何発電か。

❾

□ ❿ 太陽光や[風力]などの，くり返し利用することができるエネルギーを何というか。

❿

□ ⓫ 太平洋や瀬戸内海沿岸に形成された臨海型の工業地域を何とよぶか。

⓫

□ ⓬ 日本で最も多くの人が従事しているのは，第何次産業か。▶ 図2

⓬

□ ⓭ 人口が減少し，地域の社会生活を維持するのが困難になった状態を何とよぶか。

⓭

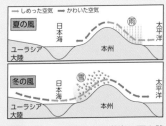

図1 夏の季節風は太平洋岸に雨を降らせ，冬は日本海側に雪を降らせる。

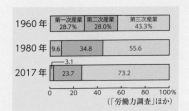

（「労働力調査」ほか）

図2 日本では，第三次産業人口の割合がのびてきている。

ここでは，日本の概要をさまざまな視点で見ていくよ。それぞれをばらばらに見るのではなく，自然と人口，産業，交通を関連付けるようにしよう。

[解答 ▶ p.10]

Step 2 予想問題 第1章 地域調査の手法
第2章 日本の地域的特色と地域区分

1ページ
10分×5

【地域調査の手法】

❶ 右の地形図を見て，次の問いに答えなさい。

□ ❶ 地図中の X の範囲にない建物を，㋐〜㋓から選びなさい。

㋐ 高等学校　㋑ 交番

㋒ 寺院　　　㋓ 郵便局

（　　　　）

□ ❷ 道路を Y の方向に向かったとき，トンネルを出たところにある建物を，㋐〜㋓から選びなさい。

㋐ 病院　㋑ 寺院

㋒ 工場　㋓ 発電所

（　　　　）

↑ 2万5000分の1地形図（「高知」令和元年9月1日年発行）

□ ❸ 道路を Y の方向に向かったときにある筆山トンネルの長さは，地図上では2cmです。実際の長さは何mか答えなさい。

（　　　　　　　）

□ ❹ Z の標高を，㋐〜㋓から選びなさい。

㋐ 約70m　　㋑ 約100m　　㋒ 約120m　　㋓ 約140m

❷ 次のカードを見て，あとの問いに答えなさい。

A
調べたこととわかったことを，資料を見せながら，説得力のある説明で発表する。

B
調査計画に従ってフィールドワークを行ったり，資料で調べたりする。

C
調べたことを文章の他に，表やグラフにして，わかりやすくまとめる。

D
テーマが決まったら，仮説を立てて，調査内容を具体的に書き上げる。

□ ❶ 上の4枚のカードは，地域調査の手法について書かれています。C について，「過去30年の市の人口の変化」をグラフにするときに，適したものを㋐〜㋓から選びなさい。

㋐ 帯グラフ　　㋑ 棒グラフ　　㋒ 円グラフ　　㋓ 折れ線グラフ

（　　　　）

□ ❷ 4枚のカードを調査の順番に並べかえなさい。

（　　　）→（　　　）→（　　　）→（　　　）

⚡️ヒント ❶❹近くに「50m」の等高線があるので探しましょう。

❌ミスに注意 ❶❸求める長さは「m」なので気をつけましょう。

【 地形から見た日本の特色 】

❸ 右の地図と図を見て，次の問いに答えなさい。

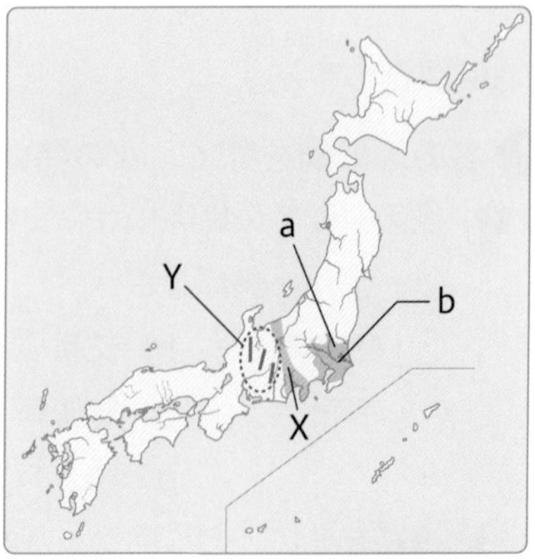

□ ❶ 地図中の a の平野と b の川の名前を答えなさい。

a（　　　　　　　）　b（　　　　　　　）

□ ❷ 地図中の X は，日本の地形の特徴（とくちょう）を東西に分ける大きな溝（みぞ）です。これを何とよぶか答えなさい。

（　　　　　　　）

□ ❸ 地図中の Y の範囲（はんい）にある三つの山脈とは，飛騨（ひだ）山脈と木曽（きそ）山脈と，あと一つを答えなさい。

（　　　　　　　）

□ ❹ 地図中の Y の範囲にあたる，標高3000 m 前後の山が連なる地域を何とよぶか答えなさい。

（　　　　　　　）

□ ❺ 右の図の①・②にあてはまる地形の名前を答えなさい。

①（　　　　　　　）　②（　　　　　　　）

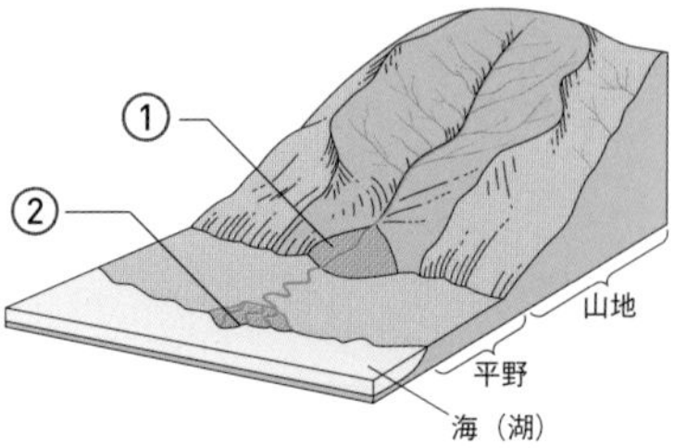

【 気候から見た日本の特色 】

❹ 右の図を見て，次の問いに答えなさい。

□ ❶ 右の図を参考にして，次の文の①～④にあてはまる語句を，㋐～㋓から選びなさい。

> 日本列島には夏は（　①　）からしめった風がふき，冬は（　②　）からふく。この風が（　③　）にぶつかると，冬は雪を降らせ，夏は雨を降らす。この風を（　④　）とよぶ。

㋐ 日本海（にほんかい）　㋑ 太平洋　㋒ 本州（ほんしゅう）　㋓ 季節風

①（　　　　）　②（　　　　）
③（　　　　）　④（　　　　）

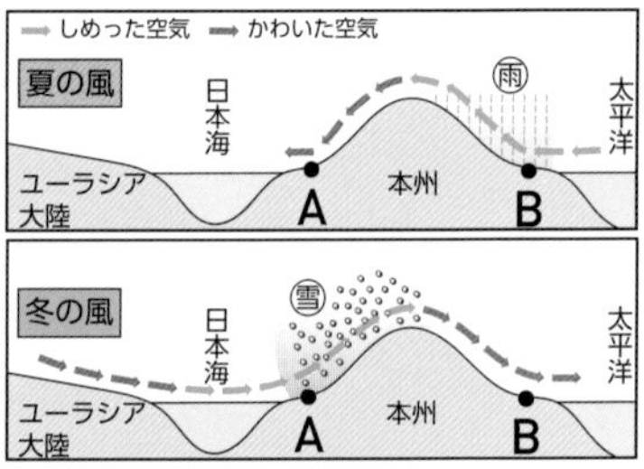

↑夏と冬の降水量の季節変化

□ ❷ 右の雨温図①・②は，上の図の A・B のどちらにあてはまるか答えなさい。

①（　　　　）　②（　　　　）

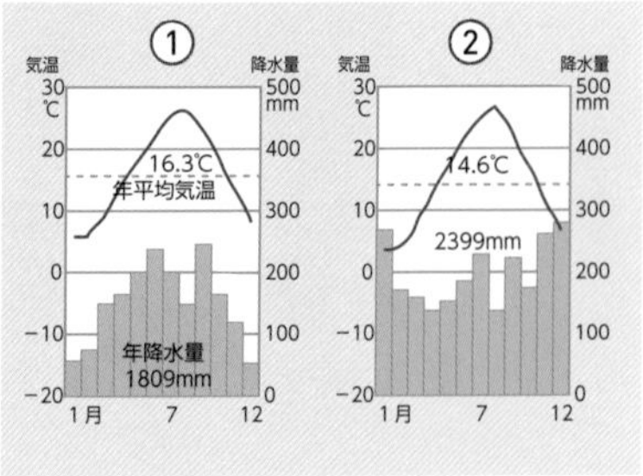

□ ❸ 日本の広い範囲が属している気候区を答えなさい。

（　　　　　　　）

[ヒント] ❸❺①は扇形（おうぎ），②は三角形をしていることから，名付けられた地形です。

[ミスに注意] ❹❷冬の降水量に着目して考えましょう。

［解答▶p.10］

【自然災害と防災・減災への取り組み】

❺ 右の写真を見て，次の問いに答えなさい。

□ ❶ 写真Ⅰは，2011年に東北地方に大きな被害が出た地震による自然災害の様子です。この災害の総称を答えなさい。

（　　　　　　　　）

□ ❷ 写真Ⅰの自然災害は何か答えなさい。

（　　　　　　　　）

□ ❸ 写真Ⅱは御嶽山（長野県・岐阜県）の噴火の様子です。火山の噴火で起こる，高温のガスや石，火山灰などが高速で広がる現象を何とよぶか答えなさい。

（　　　　　　　　）

□ ❹ 写真ⅠやⅡなどの災害のときに予想される被害範囲がかかれた地図を何というか，カタカナで答えなさい。

（　　　　　　　　）

写真Ⅰ

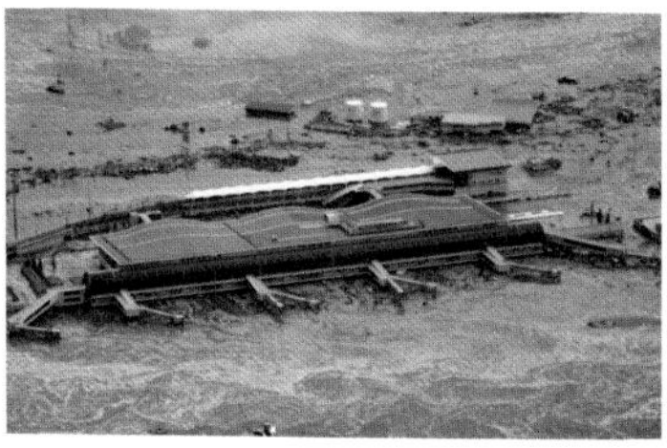

写真Ⅱ

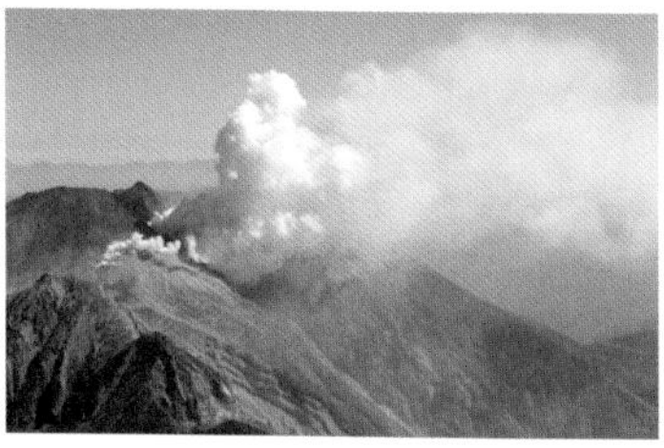

【人口から見た日本の特色】

❻ 次の文章を読んで，あとの問いに答えなさい。

日本の人口は1980年以降，出生数が（ ① ），高齢者が（ ② ）いった。a男女の年齢別のグラフでは，1930年代は年少人口の多い（ ③ ）だったが，現在は高齢者の割合が大きい（ ④ ）へと変わってきており，b人口は減少し続けている。大都市では地価の上昇などで人口が郊外に流出する（ ⑤ ）が起こったが，1990年代に大都市の地価が下がると，（ ⑥ ）の動きが起こっている。また，地方の農村や漁村ではc人口流出によって，地域社会の維持が難しくなっている地域が広がっている。

□ ❶ 文中の①～⑥にあてはまる言葉を，㋐～㋘から選びなさい。

㋐ ドーナツ化現象　㋑ つりがね型　㋒ 都心回帰　㋓ 富士山型　㋔ 減って
㋕ 増えて　㋖ つぼ型　㋗ 人口集中　㋘ 過密

①（　　　）②（　　　）③（　　　）④（　　　）
⑤（　　　）⑥（　　　）

□ ❷ 下線部aのグラフを何というか答えなさい。（　　　　）

□ ❸ 下線部bについて，2015年における日本の総人口を，㋐～㋓から選びなさい。

㋐ 約2700万人　㋑ 約1億2700万人　㋒ 約2億人　㋓ 約2億2700万人

（　　　　）

□ ❹ 下線部cのような状態を何というか答えなさい。（　　　　）

[ヒント] ❺❹「防災マップ」ともいいます。

[ミスに注意] ❻❶⑤と⑥は人口の逆の流れを示す言葉が入ります。

［解答▶p.11］

【 資源・エネルギーから見た日本の特色 】

❼ 右のグラフを見て，次の問いに答えなさい。

□❶ グラフの A ～ C にあてはまる鉱産資源を，
㋐～㋔から選びなさい。

㋐ 金　　㋑ 天然ガス　　㋒ 石炭

㋓ 石油　　㋔ 銅鉱石

A（　　　　　　）　B（　　　　　　）　C（　　　　　　）

□❷ グラフの X にあてはまる国を答えなさい。

（　　　　　　　　　　　）

□❸ A ～ C の資源を使った発電は，現在の日本の中心
的な発電方法です。この発電方法を答えなさい。

（　　　　　　　　　　　）

□❹ ❸の発電の問題点を，「地球温暖化」という語句を
使って，簡単に書きなさい。

（　　　　　　　　　　　　　　　　　　　　　　　　　　）

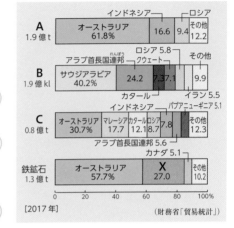

↑日本の主な鉱産資源の輸入相手国

【 産業から見た日本の特色 】

❽ 右の地図と図を見て，次の問いに答えなさい。

□❶ 地図Ⅰ中 A ～ D の工業地帯・地域名を答えなさい。

A（　　　　　　）　B（　　　　　　）

C（　　　　　　）　D（　　　　　　）

□❷ 地図Ⅰ中の X は何を表しているか，答えなさい。

（　　　　　　　　　　　）

□❸ 地図Ⅰ中の X について，あてはまるものを，
㋐～㋓から選びなさい。

㋐ 高度経済成長期以降に形成された，内陸型の工業地域。

㋑ 高度経済成長期以降に形成された，臨海型の工業地域。

㋒ 2000年以降に形成された，ICT産業が集まった工業地域。

㋓ 2000年以降に形成された，情報産業が集まった地域。

（　　　　　）

□❹ 図Ⅰを見て，2016年における自給率が80％以上の作物を
二つ答えなさい。

（　　　　　）（　　　　　）

オーストラリアと日本は鉱産資源や農産物の貿易で結ばれているよ。

地図Ⅰ

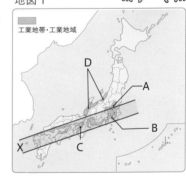

図Ⅰ

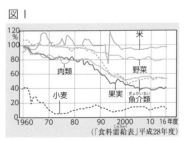

↑主な農産物の自給率の移り変わり

💡ヒント ❼❹ この発電は，鉱産資源を燃やしたときに出るエネルギーを利用します。

❌ミスに注意 ❽❶ 「工業地帯」と「工業地域」があるので，混同しないようにしましょう。

［解答 ▶ p.11］

【 交通・通信から見た日本の特色 】

❾ 右のグラフを見て，次の問いに答えなさい。

☐ ❶ 右のグラフからわかることを「自動車」「鉄道」に着目して，
簡単に書きなさい。

( )

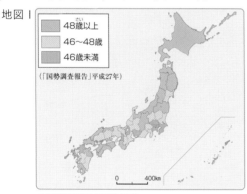

↑国内の貨物輸送の変化

☐ ❷ 貨物の輸送について，次の①～③にあてはまる輸送方法を，
㋐～㋓から選びなさい。

① 個別に配送ができる。

② 軽くて高価な電子部品などの工業製品の輸送に適している。

③ 重くて体積の大きい石油や鉄鋼などの原材料や工業製品の大量輸送に適している。

㋐ 航空機 ㋑ 大型船 ㋒ 鉄道 ㋓ トラック

①( ) ②( ) ③( )

☐ ❸ 鉄道輸送について，現在建設中の東京と名古屋を結ぶ高速鉄道の名前を答えなさい。

( )

【 日本を地域区分しよう 】

❿ 次の地図を見て，あとの問いに答えなさい。

地図Ⅰ
48歳以上
46～48歳
46歳未満
(「国勢調査報告」平成27年)
↑都道府県別の平均年齢

地図Ⅱ
1.6以上
1.4～1.6
1.4未満
(厚生労働省人口動態調査 平成29年)
＊合計特殊出生率は，一人の
女性が一生の間に生む子ど
もの平均人数。
↑都道府県別の合計特殊出生率

☐ ❶ 東京圏や大阪圏についてわかることを，㋐～㋒から選びなさい。

㋐ 平均年齢も合計特殊出生率も低く，高齢化が進んでいることがわかる。

㋑ 平均年齢は低いが合計特殊出生率が高いため，人口増加が進んでいることがわかる。

㋒ 平均年齢も合計特殊出生率も低く，少子化が進んでいることがわかる。 ( )

☐ ❷ 近年，北海道の人口が減少している原因を，㋐～㋒から選びなさい。

㋐ 平均年齢が低く，合計特殊出生率が高いため。

㋑ 平均年齢が高く，合計特殊出生率が高いため。

㋒ 平均年齢が高く，合計特殊出生率が低いため。 ( )

💡ヒント ❾❷軽くて高価な部品は，輸送費が高くても利益が出ます。

✕ミスに注意 ❾❸東海道新幹線と間違えないようにしましょう。

Step 3 予想テスト 第1章 地域調査の手法 第2章 日本の地域的特色と地域区分

30分 /100点 目標 70点

1 地図を見て，あとの問いに答えなさい。 各4点

地図 I

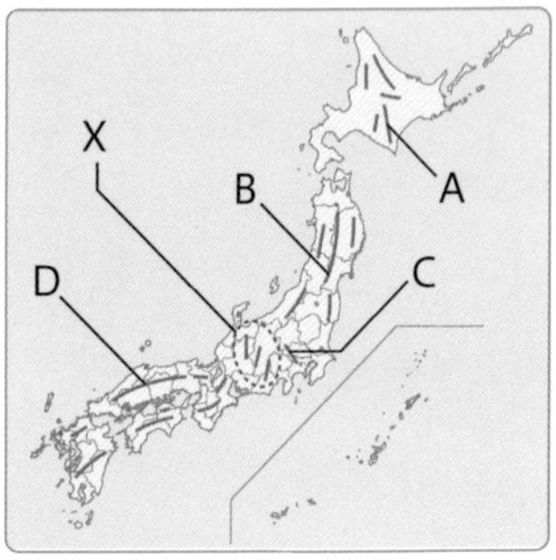

地図 II

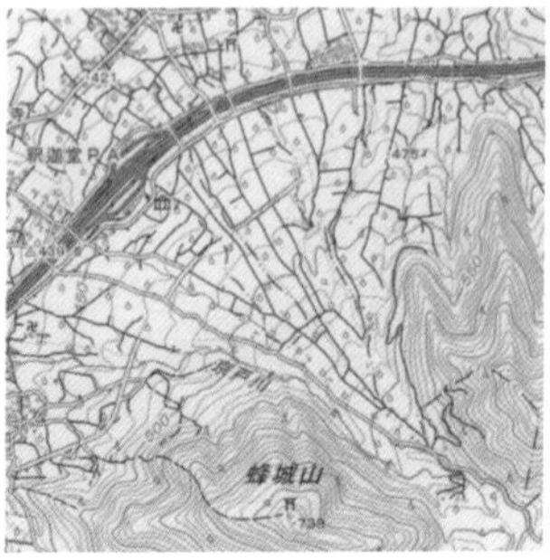

↑2万5000分の1「石和（いさわ）」平成28年発行（縮小）

地図 III

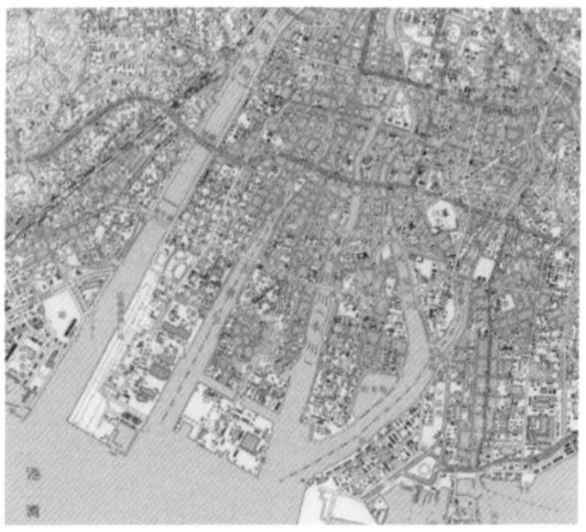

↑5万分の1「広島（ひろしま）」平成20年発行（縮小）

□ ❶ 地図 I 中の A ～ D の山脈・山地名を答えなさい。

□ ❷ 地図 I 中の A ～ D の山脈・山地の中から，日本海側（にほんかい）と太平洋側の気候を決定づける影響（えいきょう）が少ないものを選び，記号で答えなさい。[思]

□ ❸ 地図 I 中の X の標高3000 m 前後の山が連なる一帯を何とよぶか答えなさい。

□ ❹ 地図 II の地形の名前を答えなさい。[技]

□ ❺ ❹の土地はどのように利用されることが多いですか。㋐～㋓から選びなさい。[技]

㋐ 畑　㋑ 田　㋒ 市街地　㋓ 果樹園

□ ❻ 地図 III の地形の名称（めいしょう）を答えなさい。[技]

2 右のグラフを見て，次の問いに答えなさい。 各4点，❷のみ完答

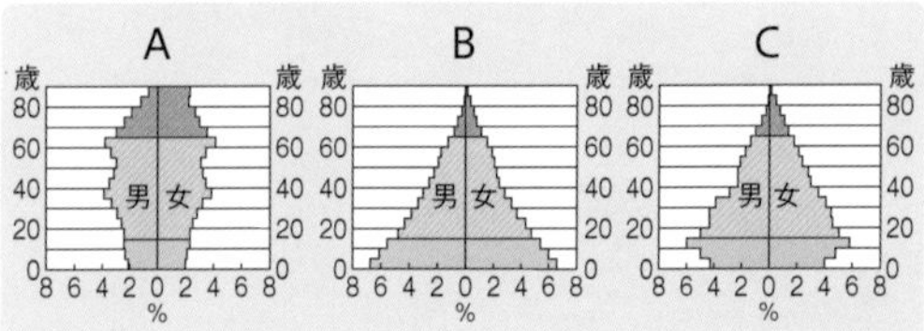

□ ❶ 次の①～③にあてはまるグラフを，A ～ C から選びなさい。[技]

① 少子化が始まり，15歳（さい）未満の年少人口が少ない。

② 多産多死で，年少人口が多く，65歳以上の老年人口が少ない。

③ 少子高齢化（こうれい）が進行し，年少人口と老年人口が少ない。

□ ❷ 日本の人口構成が移り変わった順に，A ～ C を並べかえなさい。[思]

□ ❸ 地方の農村や漁村など，過疎（かそ）地域での人口構成に近いグラフを，A ～ C から選びなさい。[思]

□ ❹ 大都市から郊外（こうがい）に人口が移動する現象を何というか答えなさい。

得点UP □ ❺ 1990年代に都心回帰の現象が起こった理由を「再開発」という語句を使って，簡単に書きなさい。[思]

 成績評価の観点 [技]…資料活用の技能 [思]…社会的な思考・判断・表現

❸ 次の問いに答えなさい。 各3点

☐ ❶ 地図Ⅰ中のA〜Dの都市名を答えなさい。

☐ ❷ A〜Dの都市は, 地方の政治や経済の中心となっています。これらの都市を何とよぶか答えなさい。

☐ ❸ 地図ⅡのXの地帯を何とよぶか, 答えなさい。

☐ ❹ 地図Ⅱを参考にして, Xの地帯に属さない工業地域の名前を答えなさい。 技

☐ ❺ 地図Ⅰ・地図Ⅱについて, あてはまるものには○を, あてはまらないものには×を付けなさい。 技

　① 人口100万人以上の都市は, 工業の発達していない地域に多く分布している。

　② 人口密度が1〜300人/km²の地域には, 工業地帯・地域が多く分布している。

　③ 地図ⅡのXの地域には, 人口100万人以上の都市が多くある。

　④ 地図ⅡのXの地域には, 人口密度が300人/km²以上の地域が多くある。

☐ ❻ 近年, インターネットの普及によって, 三大都市圏に集中している産業を, ㋐〜㋓から選びなさい。

　㋐ 映画産業　　㋑ 出版・印刷産業
　㋒ 医療・福祉サービス業　　㋓ ICT産業

地図Ⅰ

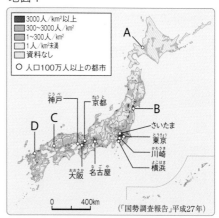

凡例:
■ 3000人/km²以上
■ 300〜3000人/km²
■ 1〜300人/km²
□ 1人/km²未満
□ 資料なし
○ 人口100万人以上の都市

神戸　京都
D　C
大阪　名古屋
さいたま
東京
川崎
横浜
A
B

0　400km
（「国勢調査報告」平成27年）

↑日本の人口密度

地図Ⅱ

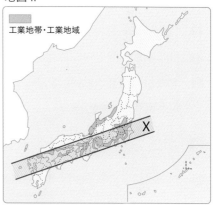

■ 工業地帯・工業地域

X

↑日本の主な工業地帯・地域

❶	❶ A		B		C	
	D		❷	❸		
	❹		❺	❻		
❷	❶①	②	③	❷	→	→
	❸	❹		❺		
❸	❶ A		B		C	
	D		❷		❸	
	❹		❺①	②	③	④
	❻					

Step 1 基本チェック ● 第3章 日本の諸地域①

10分

次の問題に答えよう！　間違った問題には□にチェックをいれて，テスト前にもう一度復習！

1 九州地方　▶ 教 p.185-193

解答欄

□ ❶ ［阿蘇山］などにある，噴火でできた大きなくぼ地の地形は何か。

❶

□ ❷ 九州南部に広がる，火山の噴出物が積もった地層を何というか。

❷

□ ❸ 大雨などで［土石流］が起こりやすい地域の上流で行われている，樹木の量を適切に保つための作業とは何か。

❸

□ ❹ 九州に多くある［地熱発電］や，太陽光発電，バイオマス発電などのエネルギーを何とよぶか。

❹

□ ❺ ［宮崎平野］で行われている，出荷時期を早める栽培方法は何か。

❺

□ ❻ 熊本県水俣市を中心に発生した公害病とは何か。

❻

□ ❼ 北九州市など，環境に配慮した町づくりが進められている町を何というか。▶ 図1

❼

2 中国・四国地方　▶ 教 p.197-205

□ ❽ 瀬戸内に多くある生活用水や農業用水のための貯水施設とは何か。▶ 図2

❽

□ ❾ 本州と［四国］を結ぶ三つの連絡橋を何というか。

❾

□ ❿ 大都市に人が吸い寄せられて移動する現象を何というか。

❿

□ ⓫ 瀬戸内海沿岸に広がるのは何工業地域か。

⓫

□ ⓬ 瀬戸内海のおだやかな海で行われている漁業とは何か。

⓬

□ ⓭ ［過疎化］が進行した村で行われている，地域を活性化するための特色ある取り組みを何というか。

⓭

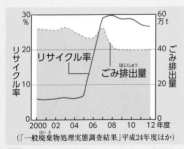

図1　北九州市のリサイクル率とごみ排出量の移り変わり。

図2　夏と冬の季節風は，中国山地と四国山地にふさがれるため，瀬戸内は雨が少ない。

瀬戸内の雨の少ない気候は，季節風と中国山地，四国山地の関係で説明できるよ！

40

Step 2 予想問題 第3章 日本の諸地域①

1ページ 10分×3

【九州地方をながめて】

❶ 右の地図と雨温図を見て，次の問いに答えなさい。

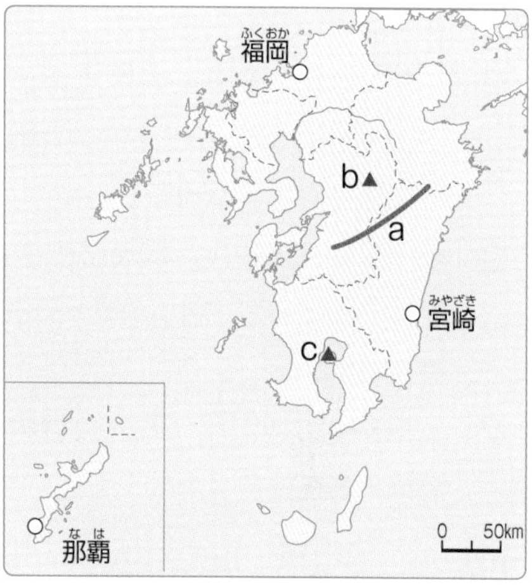

□ ❶ 地図中の a の山地，b と c の山の名前を答えなさい。

a（　　　　）　b（　　　　）

c（　　　　）

□ ❷ 地図中の b の火山にできた大きなくぼ地の地形を何とよぶか答えなさい。（　　　　）

□ ❸ 九州南部に広がる火山の噴出物からできた地層を何というか答えなさい。（　　　　）

□ ❹ 雨温図①・②にあてはまる都市を地図中から選びなさい。

①（　　　　）　②（　　　　）

□ ❺ 九州で夏から秋にかけて降水量が多い理由として，梅雨前線の他にどのような理由があるか，簡単に書きなさい。

（　　　　　　　　　　）

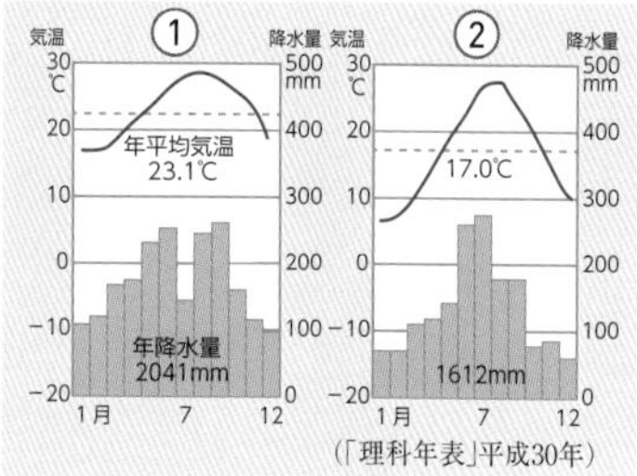

（「理科年表」平成30年）

【自然環境に適応する人々の工夫／自然の制約の克服と利用】

❷ 右の地図を見て，次の問いに答えなさい。

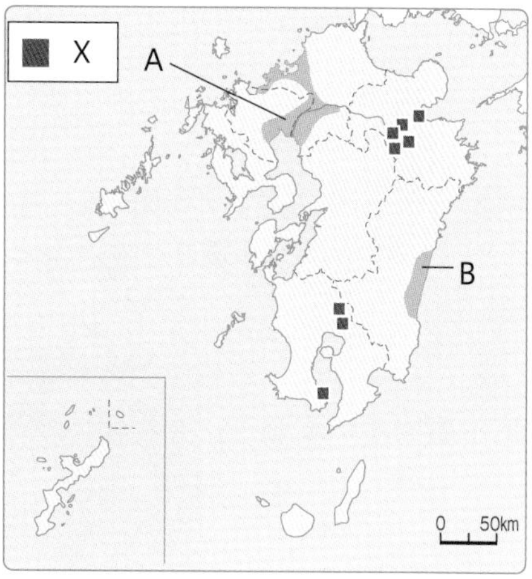

□ ❶ 地図中の A・B の平野の名前を答えなさい。

A（　　　　）　B（　　　　）

□ ❷ A・B のそれぞれの平野で行われている農業を，㋐〜㋓から選びなさい。

㋐ 抑制栽培　㋑ 促成栽培

㋒ 近郊農業　㋓ 二毛作

A（　　　　）　B（　　　　）

□ ❸ 地図中 X にあてはまるものを，㋐〜㋓から選びなさい。

㋐ 地熱発電所　㋑ 原子力発電所

㋒ 火力発電所　㋓ 水力発電所

（　　　　）

ヒント ❷❸大分県は温泉の源泉の数やわき出る湯の量が日本一です。

ミスに注意 ❶❹二つの雨温図の年平均気温を比較して考えましょう。

【 持続可能な社会をつくる 】

❸ 右の写真を見て，次の問いに答えなさい。

□ ❶ 右の写真はどちらも北九州市の様子です。北九州市が
　　面していて，1960年代に公害が発生した湾を
　　答えなさい。　　　　　　　　（　　　　　　　）

□ ❷ 1980年代の北九州市が写真のように変化した背景には，
　　1967年に国が定めた法律が関係しています。
　　その法律を答えなさい。　　　（　　　　　　　）

□ ❸ 現在の北九州市は，環境に配慮した町づくりが
　　進められていますが，国から何の承認を得たか
　　答えなさい。　　　　　　　　（　　　　　　　）

□ ❹ 九州では，1956年に四大公害病の一つが発生しました。
　　病気の名前を答えなさい。　　（　　　　　　　）

【 中国・四国地方をながめて 】

❹ 次の問いに答えなさい。

□ ❶ 地図中の A ・ B の山地名を答えなさい。
　　　A（　　　　　　　）　B（　　　　　　　）

□ ❷ 地図中の a ～ c の都市にあてはまる雨温図を，
　　下の㋐～㋒から選びなさい。
　　　a（　　　　）　b（　　　　）　c（　　　　）

□ ❸ 地図中の a ～ c の都市はそれぞれの県の県庁所在地
　　です。それぞれの都市名を答えなさい。
　　　a（　　　　　　　）　b（　　　　　　　）
　　　c（　　　　　　　）

□ ❹ 下の写真の地域の気候を表す雨温図を，
　　右の㋐～㋒から選びなさい。
　　　　　　　　　　　　　　（　　　　　　　）

□ ❺ 右の写真に
　　写っている池
　　を何というか
　　答えなさい。

（　　　　　　　）

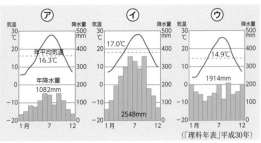

（『理科年表』平成30年）

㋐　年平均気温 16.3℃　年降水量 1082mm
㋑　17.0℃　2548mm
㋒　14.9℃　1914mm

💡 ヒント　❹❺ この池は生活用水や農業用水を得るために整備されたものです。

✖ ミスに注意　❸❹ この公害病は，公害が発生した地名に由来した病名が付けられました。

【交通網の整備と人や物の移動の変化／交通網が支える産業とその変化】

5 右の地図を見て，次の問いに答えなさい。

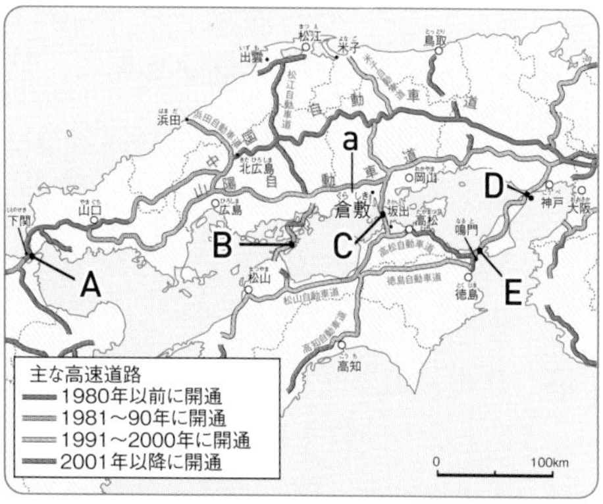

□ 1 地図中のA～Eにあてはまる連絡橋（海道）を㋐～㋔から選びなさい。
㋐ 明石海峡大橋　㋑ しまなみ海道
㋒ 関門橋　㋓ 瀬戸大橋
㋔ 大鳴門橋

A（　　）B（　　）C（　　）
D（　　）E（　　）

□ 2 B～Eの連絡橋（海道）から，鉄道が並行して通っているものを選び，記号で答えなさい。（　　）

□ 3 地図中のaの都市の臨海部には，石油精製工場と関連工場が集まっています。このような地域を何とよぶか答えなさい。（　　）

□ 4 3の地域で生産された工業製品は，右のグラフの㋐～㋒のどれにあてはまるか，記号で答えなさい。

（　　）

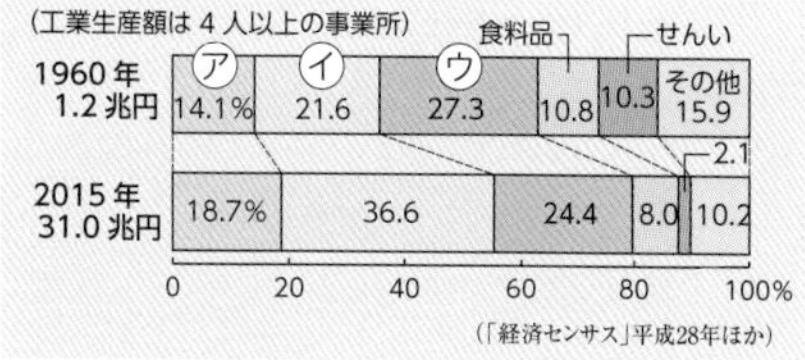

↑瀬戸内工業地域の工業生産の変化

瀬戸内海の連絡橋の名前と位置は，確実におさえておこう！

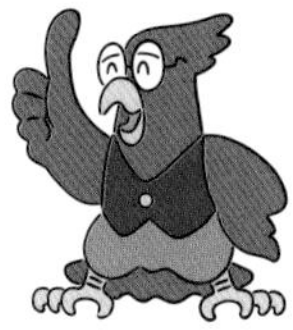

【活用される交通・通信網】

6 次の文を読んで，あとの問いに答えなさい。

中国・四国地方の山間部や瀬戸内海の島々では$_a$<u>若者が流出し，社会生活が困難な地域</u>が多く見られる。この問題を解決するために，各地で$_b$<u>観光資源や交通・通信網を活用した取り組み</u>が進められている。

□ 1 下線部aのような地域を何地域とよぶか答えなさい。

（　　）

□ 2 下線部bについて，山口県下関市の角島に観光客が多く集まるようになった理由を，㋐～㋓から選びなさい。
㋐ 島にいる高齢者が山で採れる笹や桜の花などを，インターネットで販売したから。
㋑ 島と本州を結ぶ橋が完成したから。
㋒ 島に芸術家の作品を展示して，インターネットでよびかけたから。
㋓ 島に若者がもどってきたから。

（　　）

[ヒント] 6 2 角島には美しい自然の景観が，観光資源となっています。

[ミスに注意] 5 4 石油からさまざまな製品をつくる工業は，化学工業です。

[解答▶p.14]

第3章

Step 3 予想テスト **第 3 章 日本の諸地域①**

30分 / 100点 目標 70点

❶ 右の地図や写真，グラフを見て，次の問いに答えなさい。 各4点

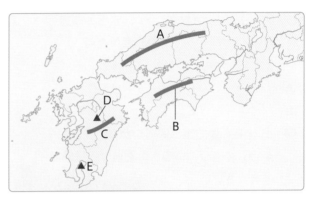

- ☐ **❶** 地図中の A ～ C の山地の名前を答えなさい。
- ☐ **❷** 地図中 D の火山の名前を答えなさい。
- ☐ **❸** D の火山に見られる大きなくぼ地を何というか答えなさい。
- ☐ **❹** 右の写真は地図中の E の火山のふもとにある鹿児島市に見られる光景です。袋の中の物を答えなさい。[技]
- ☐ **❺** 地図中 E の火山の名前を答えなさい。
- ☐ **❻** 右のグラフは，北九州市のリサイクル率とごみの排出量の移り変わりを示しています。リサイクル率を X・Y から選びなさい。[思]

点UP

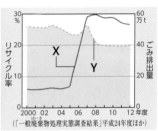

（「一般廃棄物処理実態調査結果」平成24年度ほか）

❷ 右の図や写真を見て，次の問いに答えなさい。 各4点

- ☐ **❶** 右の図は，中国・四国地方の断面図を表しています。X・Y はしめった空気とかわいた空気を示していますが，かわいた空気を X・Y から選びなさい。[技]
- ☐ **❷** 写真Ⅰの光景が見られる場所を，図中の A ～ C から選びなさい。[技]
- ☐ **❸** 写真Ⅰの池を何とよぶか答えなさい。
- ☐ **❹** 写真Ⅰの池が整備されている理由を，右の図を参考に「季節風」という言葉を使って，簡単に書きなさい。[技][思]
- ☐ **❺** 写真Ⅱは野菜のビニールハウスです。この光景が見られる場所を，図中の A ～ C から選びなさい。[技]
- ☐ **❻** 写真Ⅱの地域で行われている野菜の栽培方法を答えなさい。
- ☐ **❼** ❻と同じ栽培方法で野菜を生産している地域を，㋐～㋓から選びなさい。
  - ㋐ 鳥取砂丘
  - ㋑ 筑紫平野
  - ㋒ 宮崎平野
  - ㋓ シラス台地

点UP

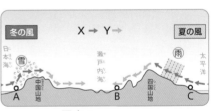
冬の風　X → Y →　夏の風
日本海　雪　中国山地　瀬戸内海　四国山地　雨　太平洋
A　　B　　C

写真Ⅰ

写真Ⅱ

❸ 右の地図とグラフを見て，次の問いに答えなさい。各４点，❺各３点

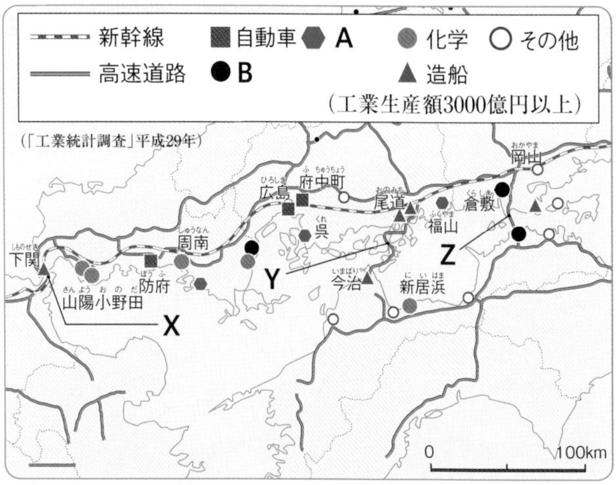

↑瀬戸内工業地域で盛んな工業

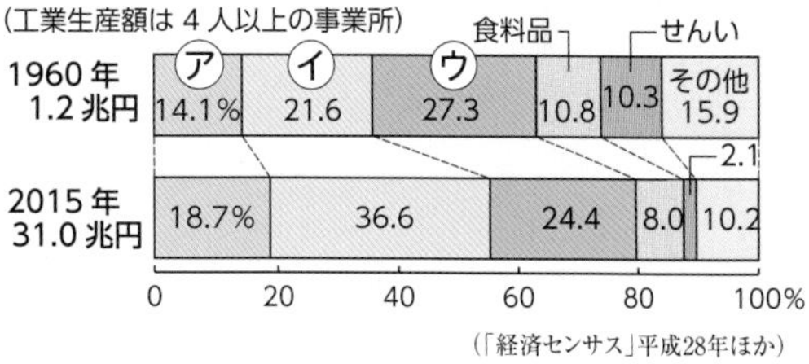

↑瀬戸内工業地域の工業生産の変化

□ ❶ 地図中のA・Bにあてはまる工業を，㋐～㋓から選びなさい。

㋐ 電子機器　㋑ 石油化学

㋒ 半導体　㋓ 鉄鋼

□ ❷ 石油精製工場を中心に関連企業や工場が集まっている地域を何とよぶか答えなさい。

□ ❸ ❷による工業は，右のグラフの㋐～㋒のどれにあてはまるか，記号で答えなさい。[技]

□ ❹ 地図中のX～Zの連絡橋・海道の名前を答えなさい。

□ ❺ Zの連絡橋について，あてはまるものには○を，あてはまらないものには×を付けなさい。

① 岡山県倉敷市と愛媛県今治市を結んでいる。

② 道路と鉄道が通ってる連絡橋である。

③ 瀬戸内海をわたって通勤・通学する人が増加した。

④ 山陰の人々が中国山地をこえやすくなった。

第３章

❶	❶ A	B	C	
	❷	❸	❹	
	❺	❻		
❷	❶	❷	❸	❹
	❺	❻	❼	
❸	❶ A	B	❷	❸
	❹ X	Y	Z	
	❺ ①	②	③	④

❶ /32点　❷ /28点　❸ /40点

［解答▶p.14］

Step 1 | 基本チェック : 第 3 章 日本の諸地域②

10分

次の問題に答えよう！ 間違った問題には□にチェックをいれて，テスト前にもう一度復習！

❶ 近畿地方　▶ 教 p.209-217

解答欄

□ ❶ 若狭湾や［ 志摩半島 ］の海岸に見られる地形とは何か。　❶

□ ❷ 紀伊半島を東西に連なるのは何山地か。　❷

□ ❸ 大阪を中心に，［ 神戸 ］や京都，奈良などに広がる地域を何とよぶか。　❸

□ ❹ 大阪湾の臨海部にあるのは，何工業地帯か。▶ 図1　❹

□ ❺ 神戸市の丘陵地をけずって建設されたものは何か。　❺

□ ❻ 梅田などの［ ターミナル駅 ］の周辺で進められている事業とは何か。　❻

□ ❼ 江戸時代まで都が置かれ，町並みの景観を損なわないようにするための条例を定めた都市はどこか。　❼

❷ 中部地方　▶ 教 p.221-229

□ ❽ 飛騨山脈，木曽山脈，赤石山脈をふくむ「［ 日本の屋根 ］」とたとえられる地域を何とよぶか。　❽

□ ❾ 名古屋市を中心に，周辺の都市に広がる地域を何とよぶか。　❾

□ ❿ 名古屋市を中心として広がっているのは，何工業地帯か。▶ 図2　❿

□ ⓫ 浜松市や富士市などを中心として広がっているのは，何工業地域か。　⓫

□ ⓬ ビニールハウスなどを利用して，大都市向けの花や野菜を栽培する農業を何というか。　⓬

□ ⓭ 高地のすずしい気候を利用して作られた野菜を何というか。　⓭

□ ⓮ 第二次世界大戦後に，長野県諏訪湖周辺で発達した工業とは何か。　⓮

□ ⓯ 富山の製薬や売薬などの産業を何とよぶか。　⓯

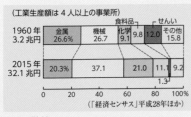

図1 阪神工業地帯では，金属工業の割合が減り，機械工業中心へと変化している。

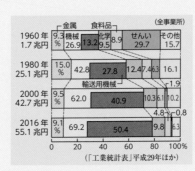

図2 中京工業地帯は，機械工業の割合が特に高い。

各工業地帯・地域は，中心となる工業を見て，特徴をとらえよう！

［解答 ▶ p.15］

Step 2 予想問題 第 3 章 日本の諸地域②

1ページ 10分×3

【近畿地方をながめて】

❶ 右の地図や雨温図を見て，次の問いに答えなさい。

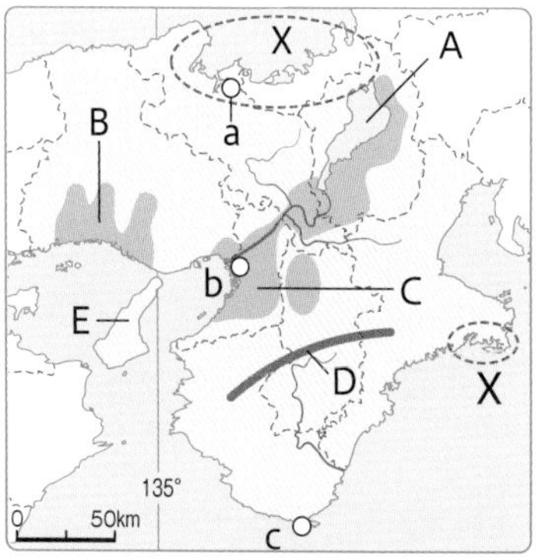

□ ❶ 地図中の A の湖， B・C の平野， D の山地， E の島名を答えなさい。

A（　　　） B（　　　）
C（　　　） D（　　　）
E（　　　）

□ ❷ 地図中の X の海岸に見られる地形を答えなさい。

（　　　）

□ ❸ 地図中の南にある X の海で真珠(しんじゅ)の養殖(ようしょく)が盛(さか)んな理由を，簡単に書きなさい。

（　　　）

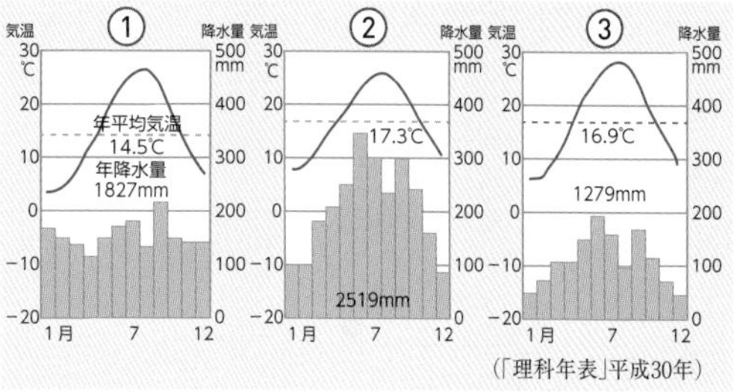

□ ❹ 右の雨温図①～③にあてはまる都市を，地図中の a ～ c から選びなさい。

①（　　　） ②（　　　） ③（　　　）

【大都市圏(けん)の形成と都市の産業／ニュータウンの建設と都市の開発】

❷ 右のグラフと写真を見て，次の問いに答えなさい。

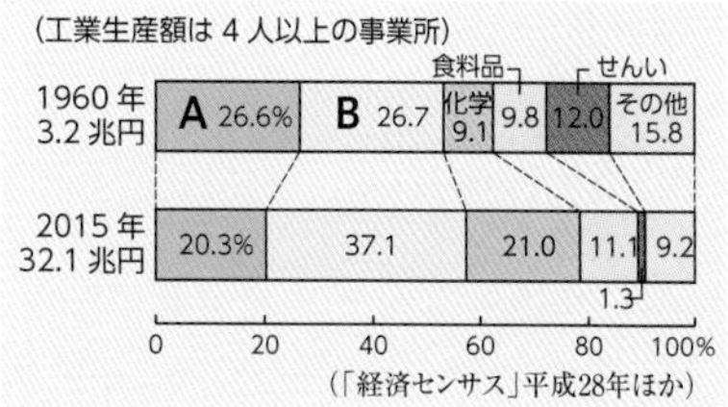

□ ❶ 右のグラフは大阪湾(おおさかわん)の臨海部にある工業地帯の工業生産額を表しています。この工業地帯を答えなさい。

（　　　）

□ ❷ 右のグラフの A・B にあてはまる工業を，㋐～㋓から選びなさい。

㋐ 機械　㋑ 印刷　㋒ パルプ・紙　㋓ 金属

A（　　　） B（　　　）

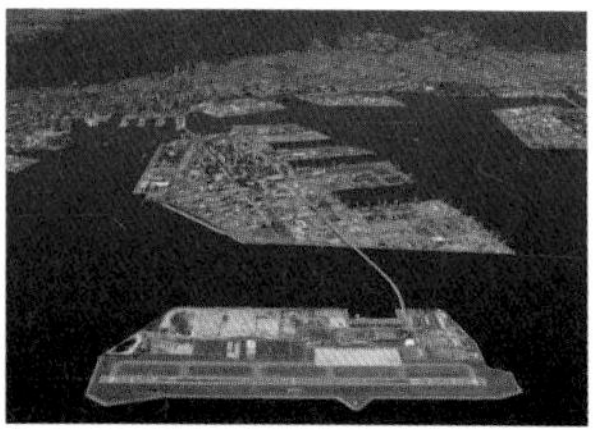

□ ❸ 右の写真は神戸市の人工島です。うめ立てに使う土は，何を建設する際にけずられたものか答えなさい。

（　　　）

□ ❹ 梅田(うめだ)など，近県を結ぶ鉄道の起終点駅を何というか答えなさい。

（　　　）

[ヒント] ❶❸ 真珠(しんじゅ)の養殖(ようしょく)は，いかだに貝をつるして育てて行います。

[ミスに注意] ❷❷ かつての阪神工業地帯は，重工業を中心に発達していきました。

第3章

【変化する農村の暮らし】

❸ 右の地図を見て，次の問いに答えなさい。

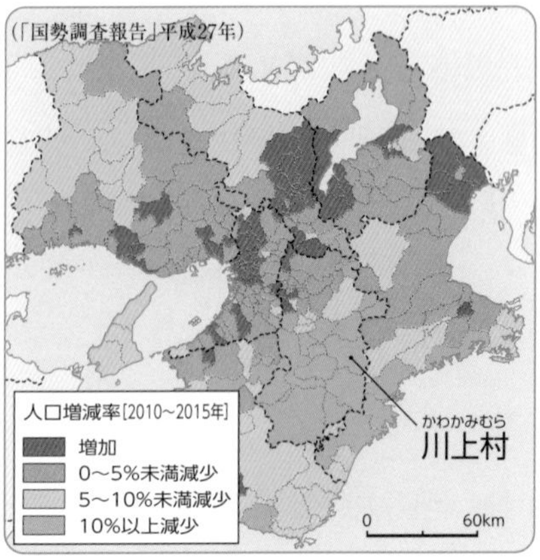
(「国勢調査報告」平成27年)
人口増減率[2010～2015年]
増加
0～5%未満減少
5～10%未満減少
10%以上減少
かわかみむら
川上村
0
60km
↑近畿地方の市町村別人口増減率

□ ❶ 次の①・②にあてはまるものを，㋐～㋒から選びなさい。

① 人口が増加している地域 （　　　）

② 人口が10%以上減少している地域 （　　　）

㋐ 兵庫県北部，京都府北部

㋑ 奈良県南部，三重県南部

㋒ 大阪府，京都府，滋賀県南部

□ ❷ 人口流出によって，地域の社会生活が困難になることを何というか答えなさい。

（　　　　　　　　）

□ ❸ ❷の地域の一つである奈良県川上村で行われていることを，㋐～㋓から二つ選びなさい。

㋐ 田植えを通して，都市部の小学生と交流している。

㋑ 商店の移動販売を行っている。

㋒ 大型のスーパーマーケットを造った。

㋓ 観光地を整備した。

（　　　　）（　　　　）

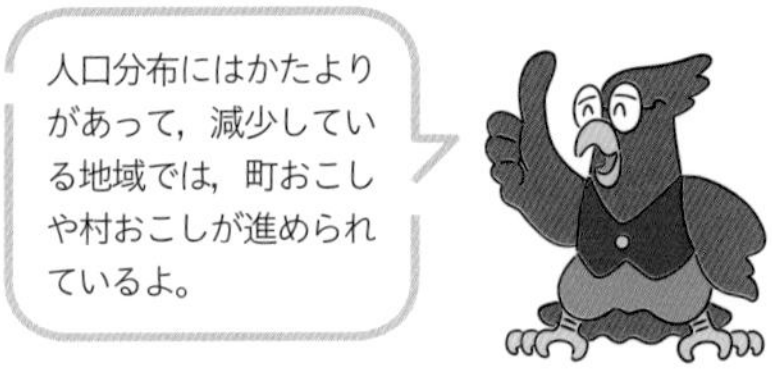
人口分布にはかたよりがあって，減少している地域では，町おこしや村おこしが進められているよ。

【中部地方をながめて】

❹ 次の問いに答えなさい。

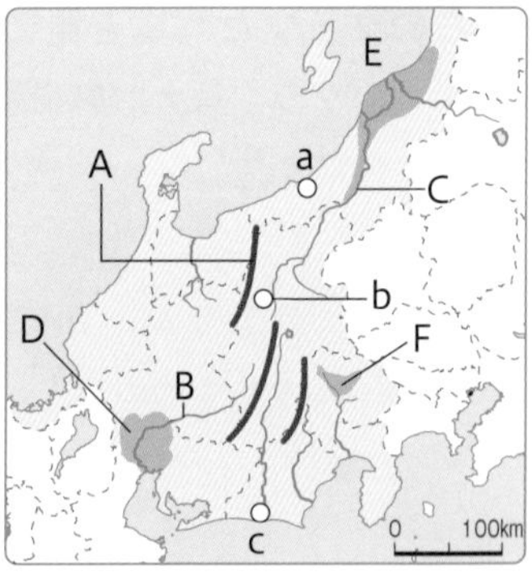
E
A
a
C
b
D
F
B
c
0
100km

□ ❶ 地図中のＡの山脈，Ｂ・Ｃの川，Ｄ・Ｅの平野，Ｆの盆地の名前を答えなさい。

Ａ（　　　　　　）　Ｂ（　　　　　　）

Ｃ（　　　　　　）　Ｄ（　　　　　　）

Ｅ（　　　　　　）　Ｆ（　　　　　　）

□ ❷ 次の①～③にあてはまる気候の都市を，地図中のａ～ｃから選びなさい。

① 冬は冷えこみ，夏は比較的すずしい。 （　　　）

② 冬の降水量が多い。 （　　　）

③ 冬は晴れて乾燥する日が多い。 （　　　）

□ ❸ 地図中のＤの平野にある，川に囲まれた標高が低い地域を囲む堤防を何とよぶか答えなさい。

（　　　　　　）

[ヒント] ❸❶ 地図の凡例を見て答えるようにしましょう。

[ミスに注意] ❷❷ 冬の気候は，日本海側からの季節風の影響を考えましょう。

[解答▶p.15]

【特色ある東海(とうかい)の産業】

❺ 右のグラフと写真を見て，次の問いに答えなさい。

□ ❶ グラフ中のXは，機械工業の中でも中京(ちゅうきょう)工業地帯で特に生産が盛(さか)んな工業製品です。この工業製品を，㋐～㋓から選びなさい。

㋐ 業務用機械　㋑ 電子機械

㋒ 精密機械　㋓ 輸送用機械　（　　　）

□ ❷ 三重県四日市(よっかいち)市で盛んな工業の種類を，グラフ中の工業から選びなさい。（　　　）

□ ❸ 静岡県の太平洋岸に広がる工業地域の名前を答えなさい。（　　　）

□ ❹ 静岡県富士(ふじ)市で盛んな工業を，㋐～㋓から選びなさい。

㋐ パルプ・製紙　㋑ 機械

㋒ 鉄鉱　㋓ せんい　（　　　）

□ ❺ 右の写真は愛知県渥美(あつみ)半島の菊(きく)の栽培(さいばい)の様子です。このように照明を当てて育てる菊を何とよぶか答えなさい。

（　　　）

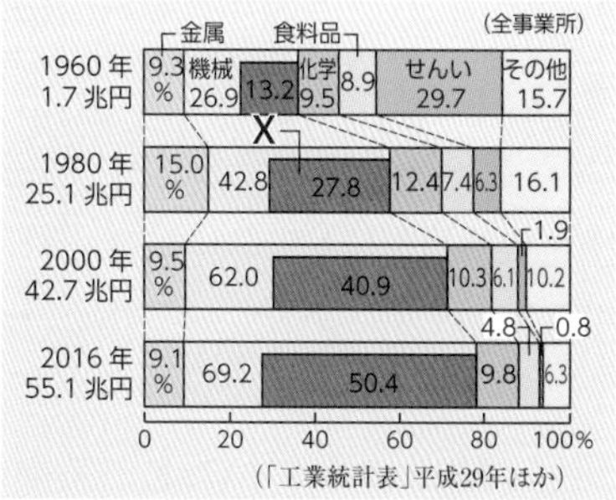

↑中京工業地帯の工業生産額の移り変わり

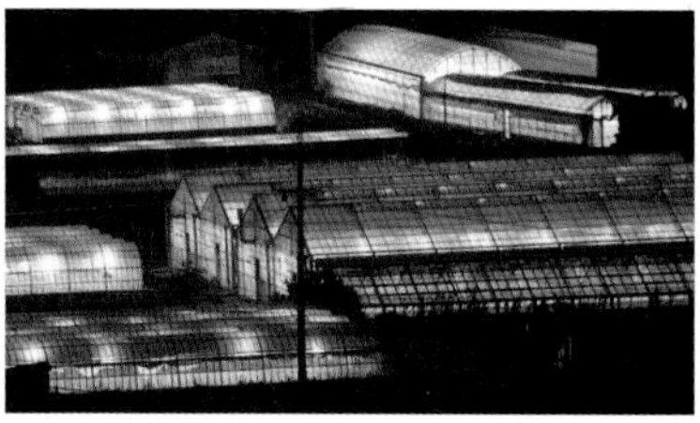

【特色ある中央高地(ちゅうおうこうち)の産業／特色ある北陸(ほくりく)の産業】

❻ 右の写真とグラフを見て，次の問いに答えなさい。

写真Ⅰ

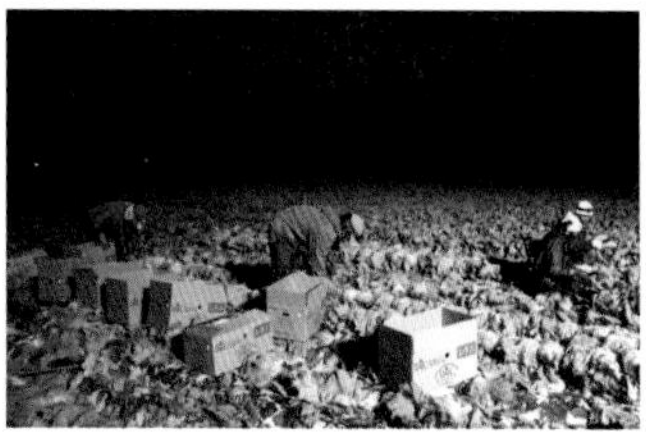

写真Ⅱ

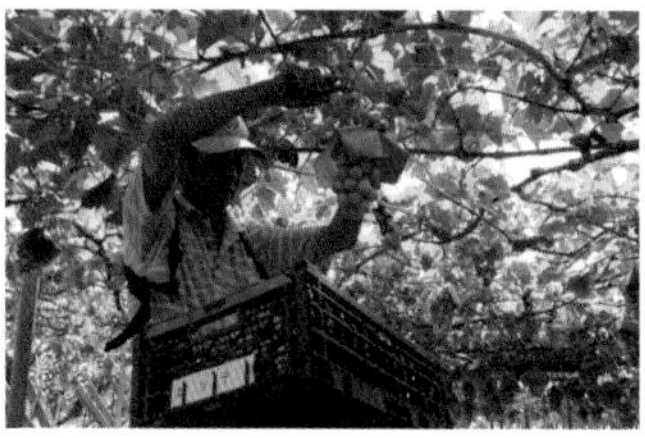

□ ❶ 写真Ⅰは夏の早朝に行われているレタスの収穫(しゅうかく)の様子です。このような野菜を何とよぶか答えなさい。

（　　　）

□ ❷ 写真Ⅰの地域では，暑さに弱いレタスの収穫を夏に行う理由を，㋐～㋒から選びなさい。

㋐ レタスは夜間に生長するため。

㋑ 標高が高く，夏でもすずしいため。

㋒ 冷温の室内で栽培(さいばい)しているため。（　　　）

□ ❸ 写真Ⅱは山梨県でのぶどうの収穫の様子です。山梨県でぶどうの栽培がさかんな盆地(ぼんち)の名前を答えなさい。また，盆地における果樹栽培が盛(さか)んな場所の地形を答えなさい。

盆地名（　　　）　地形（　　　）

□ ❹ 北陸地方で早場米(はやばまい)の生産が盛んな理由を，気候に着目して簡単に書きなさい。

（　　　）

[ヒント] ❺❶愛知県豊田(とよた)市で生産が盛んな工業です。

[ミスに注意] ❻❷通常，レタスは春と秋に収穫をします。

[解答▶p.15]

Step 3 予想テスト

第3章 日本の諸地域②

30分　　/100点　目標 70点

❶ 地図，写真，グラフを見て，次の問いに答えなさい。 各3点

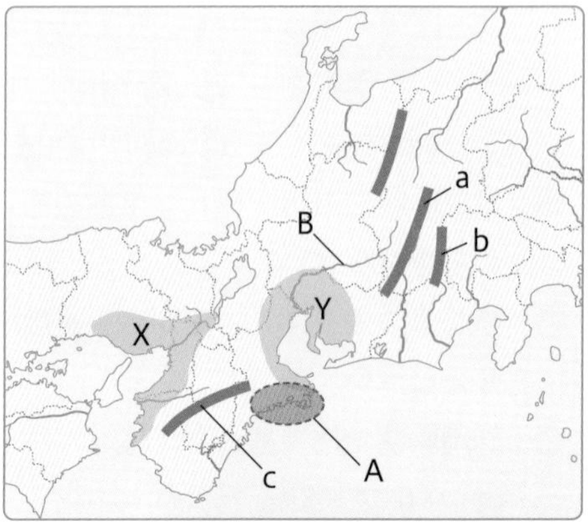

a
b
B
Y
X
c
A

□ ❶ 地図中のa～cの山地・山脈名を答えなさい。

□ ❷ 地図中のAの海岸に見られる地形を答えなさい。

□ ❸ 地図中のAの海岸で多く行われているのは，何の養殖（ようしょく）か答えなさい。

□ ❹ 地図中のBの川の名前を答えなさい。

□ ❺ 右の写真はBの川の下流域の様子です。中央の集落を囲む堤防（ていぼう）を何とよぶか答えなさい。

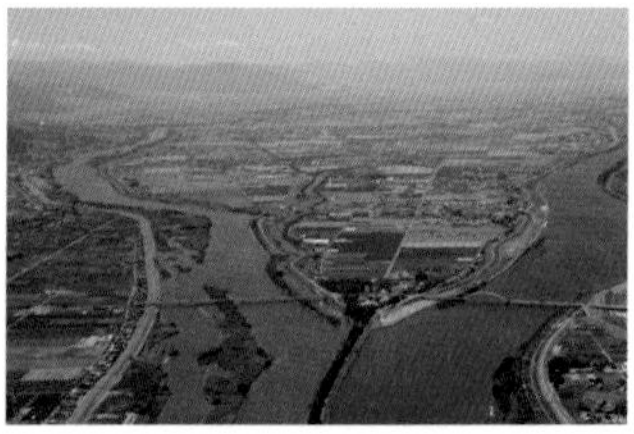

□ ❻ 地図中のX・Yの工業地帯名を答えなさい。

□ ❼ 次のグラフは工業地帯の工業生産額を表しています。①・②にあてはまる工業地帯を地図中のX・Yから選びなさい。

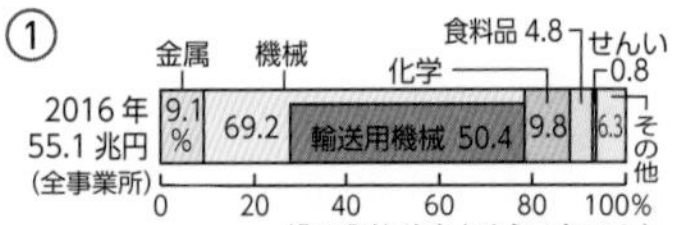

①
金属
機械
食料品 4.8
せんい
0.8
化学
2016年
55.1兆円
(全事業所)
9.1%
69.2
輸送用機械 50.4
9.8
6.3
その他
0
20
40
60
80
100%

(「工業統計表」平成29年ほか)

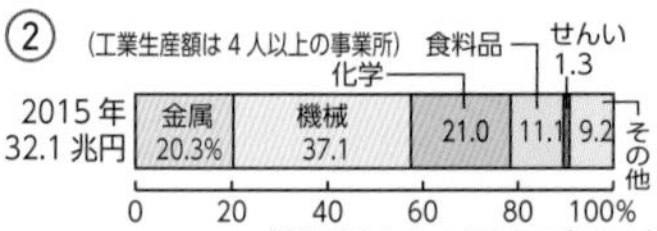

②
(工業生産額は4人以上の事業所)
食料品
せんい
1.3
化学
2015年
32.1兆円
金属 20.3%
機械 37.1
21.0
11.1
9.2
その他
0
20
40
60
80
100%

(「経済センサス」平成28年ほか)

❷ 右の地図を見て，次の問いに答えなさい。 各4点，❸のみ8点

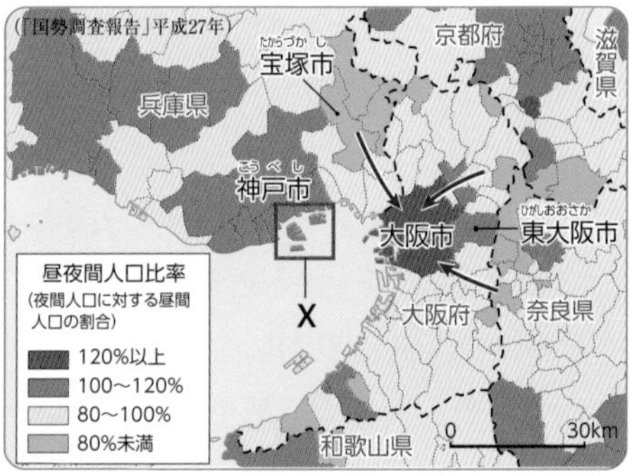

(「国勢調査報告」平成27年)
宝塚市
京都府
滋賀県
兵庫県
神戸市
大阪市
東大阪市
X
大阪府
奈良県
昼夜間人口比率
(夜間人口に対する昼間人口の割合)
120%以上
100～120%
80～100%
80%未満
和歌山県
0
30km

↑大阪市とその周辺の昼夜間人口

□ ❶ 大阪（おおさか）を中心として，周辺地域と結び付きが強い右の地図の範囲（はんい）を何とよぶか答えなさい。

□ ❷ 右の地図からわかることには〇を，わからないことには×を付けなさい。

① 昼間は大阪市に多くの人が集まってくる。

② 宝塚市（たからづか）の人口は，昼間よりも夜間のほうが多い。

③ 昼間は大阪市から周辺地域への人口の流れが多い。

④ 神戸市（こうべ）や東大阪市（ひがしおおさか）の昼間人口は夜間人口よりも多い。

点UP □ ❸ 宝塚の昼夜間人口比率が低い理由を考えて，簡単に書きなさい。[思]

□ ❹ 地図中のXはうめ立て地です。このうめ立て地についてあてはまるものを，㋐～㋓から二つ選びなさい。

㋐ 工業地帯を広げる目的でうめ立てが行われ，石油化学コンビナートができた。

㋑ 空港の他，マンションやショッピングセンター，研究施設（しせつ）などが造られた。

㋒ 六甲山地（ろっこう）の丘陵地（きゅうりょう）をけずってニュータウンを造ったときの土砂をうめ立てに利用した。

㋓ 島から神戸市の中心部へは船で行き来するため，不便である。

 成績評価の観点 [技]…資料活用の技能 [思]…社会的な思考・判断・表現

❸ 次の写真とグラフを見て，あとの問いに答えなさい。 各4点，❷のみ7点

写真Ⅰ

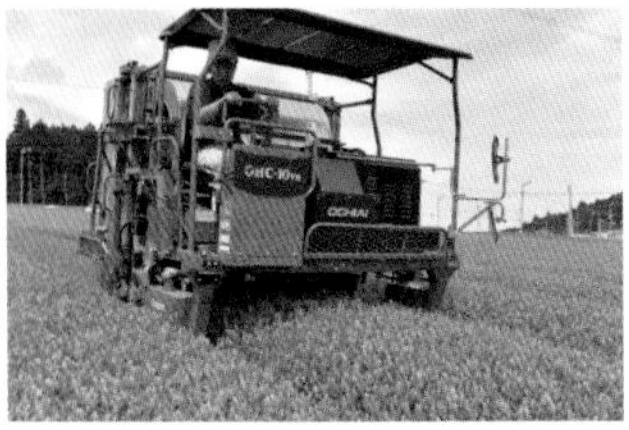

写真Ⅱ

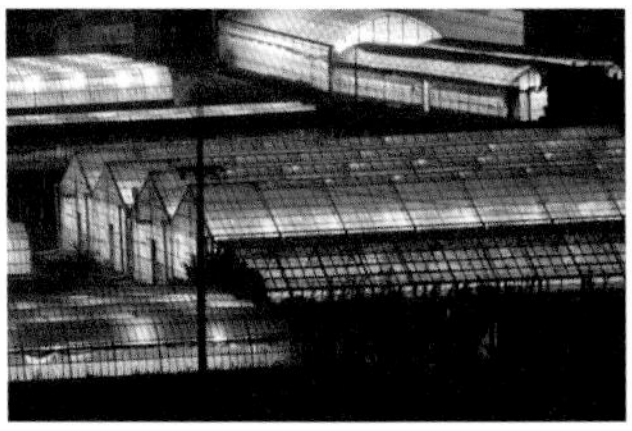

写真Ⅲ

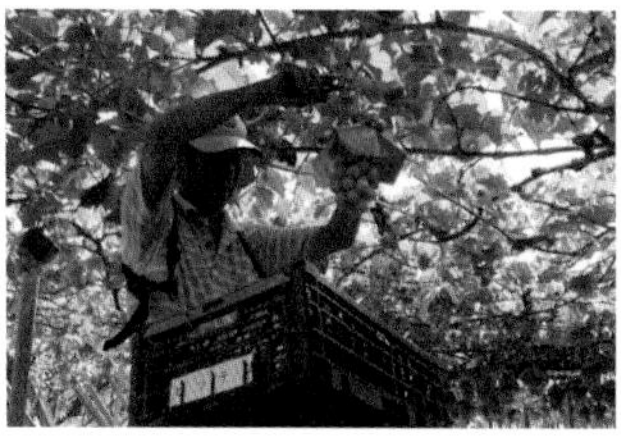

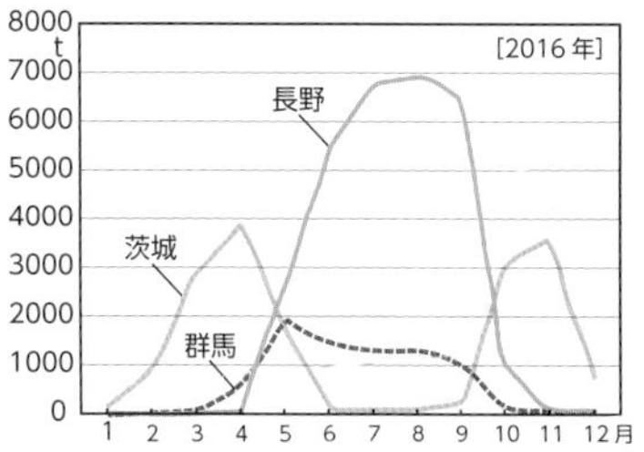

（「東京都中央卸売市場年報」平成28年）

↑東京都中央卸売市場に入荷するレタスの量

□ ❶ 写真Ⅰ～Ⅲはどこの農業の様子か，それぞれ㋐～㋓から選びなさい。

㋐ 渥美半島（愛知県）　㋑ 甲府盆地（山梨県）
㋒ 島田市（静岡県）　㋓ 川上村（長野県）

得点UP □ ❷ 右のグラフを見て，長野県で夏にレタスの出荷が多い理由を，「標高」という言葉を使って，簡単に書きなさい。[思]

□ ❸ 右のグラフについてあてはまるものを，㋐～㋓から二つ選びなさい。

㋐ 夏には，長野県以外からの出荷が少ない。
㋑ レタスは暑い地域で多く生産されるので，夏の生産量が多い。
㋒ 長野県よりも茨城県のほうが東京に近いため，茨城県産は長野県産よりも高く売れる。
㋓ 長野県は，夏に出荷すると他の県からのレタスが少ないため，利益が上げられる。

□ ❹ 写真Ⅲのぶどう栽培に適した土地を，㋐～㋓から選びなさい。

㋐ 三角州　㋑ 砂丘　㋒ 扇状地　㋓ 丘陵

第3章

❶	❶ a		b	c	
	❷		❸	❹	
	❺		❻ X	Y	
	❼ ①	②			
❷	❶		❷ ①	②	③	④
	❸				
	❹				
❸	❶ Ⅰ	Ⅱ	Ⅲ	❷	
				❸	❹

❶ /33点　❷ /36点　❸ /31点

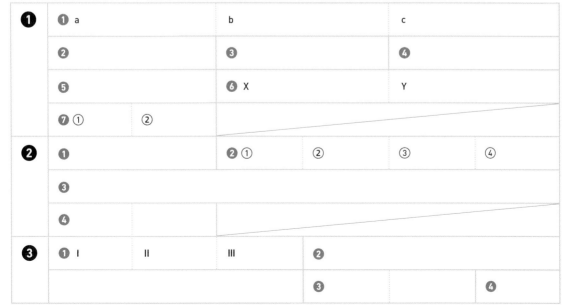

Step 1 基本チェック : 第3章 日本の諸地域③

10分

次の問題に答えよう！　間違った問題には□にチェックをいれて，テスト前にもう一度復習！

1 関東地方　▶ 教 p.233-241

解答欄

□ ❶ 関東地方の台地に堆積した［富士山］などの火山灰を何とよぶか。

❶

□ ❷ 冬に内陸部にふく乾燥した北西の［季節風］を何とよぶか。

❷

□ ❸ 特に人口の多い，東京，神奈川，［埼玉］，千葉の4都県を何とよぶか。

❸

□ ❹ 昼間，地域にいる人口を何というか。

❹

□ ❺ 東京湾に面した工業が盛んな地域は，［京浜工業地帯］と

もう一つの工業地域は何か。

❺

□ ❻ 機械や食品加工，印刷などの工場が集まる内陸の工業地域とは何か。

❻

□ ❼ 大消費地となる大都市の近郊で行う農業を何というか。▶ 図1

❼

2 東北地方　▶ 教 p.245-253

□ ❽ 三陸海岸に見られる，海岸まで山や谷がせまり，入り江が

連なる地形を何というか。

❽

□ ❾ 夏にふく，冷たくしめった北東の風を何とよぶか。▶ 図2

❾

□ ❿ 国の［重要無形民俗文化財］に指定された，

秋田県男鹿半島の伝統的な民俗行事とは何か。

❿

□ ⓫ 国の法律に従って認定された伝統産業を何というか。

⓫

□ ⓬ 福島県会津若松市の漆器作りなど，特定の地域で，資金や原材料

などがその地域に結び付いた産業を何というか。

⓬

□ ⓭ 2011年3月11日に起こった地震とは何か。

⓭

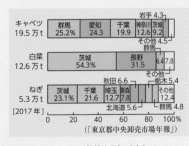

図1　東京都中央卸売市場に入荷する野菜の県別割合

図2　季節風の影響で，冬は日本海に雪が多く，夏は太平洋側にやませがふく。やませによって，夏でも気温が上がらず，冷害が起こることがある。

東北地方は，伝統的な産業と，津波などの災害から学ぶ町づくりを，おさえておこう！

[解答 ▶ p.17]

Step 2 予想問題 第３章 日本の諸地域③

1ページ 10分×3

【関東地方をながめて】

1 右の地図や雨温図を見て，次の問いに答えなさい。

□ ❶ 地図中のＡ・Ｂの山地・山脈，Ｃの平野，Ｄの川の名前を答えなさい。

Ａ（　　　　） Ｂ（　　　　）
Ｃ（　　　　） Ｄ（　　　　）

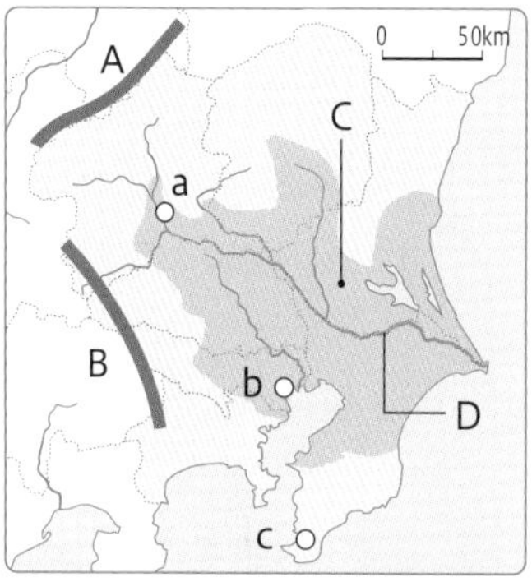

□ ❷ Ｃの平野の台地に堆積した火山灰からできた赤土を何とよぶかを答えなさい。

（　　　　）

□ ❸ 右の雨温図①～③にあてはまる都市を，地図中のａ～ｃから選びなさい。

①（　　） ②（　　） ③（　　）

□ ❹ 東京都の大都市などで見られる，気温が周囲よりも高い現象を何とよぶか答えなさい。

（　　　　）

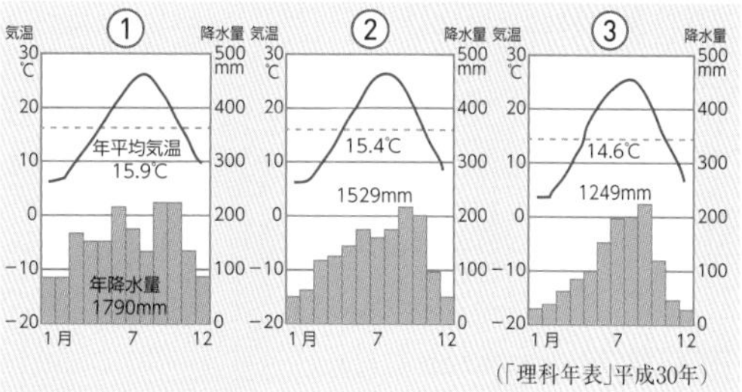

（「理科年表」平成30年）

【世界と結び付く東京／東京を生活圏とする人々の暮らしと交通】

2 次の文を読んで，あとの問いに答えなさい。

東京はａ政治や経済の中心地だけではなく，世界の大都市と結び付いている。右の図を見ると，ｂまわりの県から東京23区に通勤・通学する人が多く，中でも（　　　）や埼玉県からとても多くの人が毎日都心へ移動している。

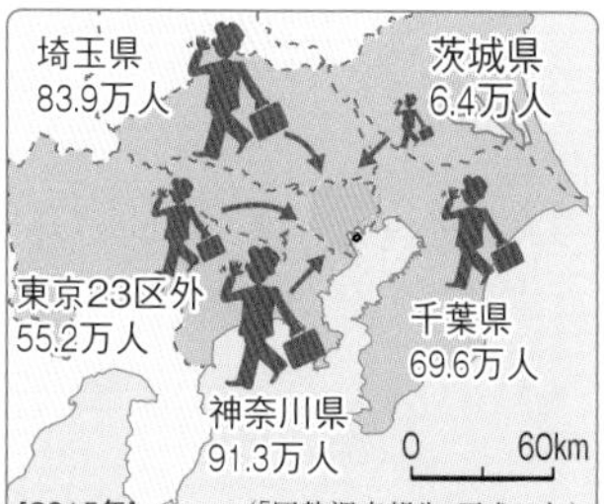

（「国勢調査報告」平成27年）

↑東京23区への通勤・通学者

□ ❶ 文中の（　　）にあてはまる県名を答えなさい。

（　　　　）

□ ❷ 下線部ａのような都市を何とよぶか答えなさい。

（　　　　）

□ ❸ 下線部ｂについて，東京23区の中心部にあてはまるものを，㋐～㋒から選びなさい。

㋐ 昼間人口が夜間人口よりも多いと考えられる。
㋑ 昼間人口が夜間人口よりも少ないと考えられる。
㋒ 昼間人口と夜間人口はほぼ同じだと考えられる。

（　　　）

[ヒント] ❷❸昼間人口は，昼間に流入する人口から他の地域に流出する人口を引いた人数です。

[ミスに注意] ❶❸地図中のｃの都市は，比較的雨が多く，温暖な地域にあります。

［解答▶p.17］

【関東地方の多様な産業】

❸ 右の地図を見て，次の問いに答えなさい。

☐ ❶ 写真Ⅰは，千葉を中心とした工業地域です。

この工業地域の名前を答えなさい。

（　　　　　　　　）

写真Ⅰ

☐ ❷ 写真Ⅰの工業地域についてあてはまるものを，

㋐～㋓から二つ選びなさい。

㋐ 内陸型の工業地域である。

㋑ 臨海型の工業地域である。

㋒ 石油化学コンビナートや製鉄所などが集まっている。

㋓ 機械や食品加工，印刷などの工場が集まっている。

（　　　　　）（　　　　　）

写真Ⅱ

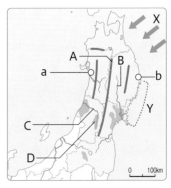

☐ ❸ 写真Ⅱは群馬県嬬恋村のキャベツの収穫の様子です。

ここで収穫するキャベツのような野菜を何とよぶか

答えなさい。

（　　　　　　　　　　　）

☐ ❹ 写真Ⅱとは異なり，大消費地である東京近郊で野菜づくりを行う農業を

何というか答えなさい。

（　　　　　　　　　　　）

【東北地方をながめて】

❹ 右の地図や雨温図を見て，次の問いに答えなさい。

☐ ❶ 地図中のAの山脈，B・Cの川，Dの盆地の名前を答え

なさい。A（　　　　　　　） B（　　　　　　　）

C（　　　　　　　） D（　　　　　　　）

☐ ❷ 地図中のXの，夏にふく冷たくしめった風を

何とよぶか答えなさい。　　（　　　　　　　）

☐ ❸ 地図中のYの海岸に見られる地形を答えなさい。

（　　　　　　　）

☐ ❹ 地図中のYの海岸で盛んに行われている漁業の種類を

答えなさい。　　　　　　　（　　　　　　　）

☐ ❺ 右の雨温図①・②にあてはまる都市を，地図中のa・b

から選びなさい。　　　　①（　　　）②（　　　）

☐ ❻ 三陸海岸沖の寒流と暖流がぶつかり，好漁場となる場所を

何とよぶか答えなさい。

（　　　　　　　）

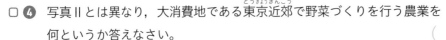

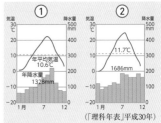

（「理科年表」平成30年）

・・

💡ヒント ❸❷写真Ⅰの奥に見えるのは海で，大きな工場があることから考えましょう。

✖ミスに注意 ❹❺冬の降水量を比較して，少ないほうが太平洋側だと判断しましょう。

【祭りや年中行事の伝統とその変化／伝統的工芸品の生産・販売とその変化】

❺ 右の表と写真を見て，次の問いに答えなさい。

□ **❶** 右の表の①・②にあてはまる祭り
の名前を答えなさい。

①（ 　　　　　　　 ）

②（ 　　　　　　　 ）

	8月1日	2日	3日	4日	5日	6日	7日	8日
青森県			青森 ①					
岩手県	盛岡さんさ踊り							
宮城県						仙台七夕まつり		
秋田県				秋田竿燈まつり				
山形県						山形 ②		
福島県		福島わらじまつり						

↑主な夏祭りの日程（2018年）

□ **❷** 表にある夏祭りについて，
あてはまるものを，㋐〜㋑から
二つ選びなさい。

㋐ 古くから伝わる伝統行事なので，すたれてきている。

㋑ どの祭りも，町おこしのために最近始まった。

㋒ 病気をはらったりする農家の行事が起源だといわれている。

㋑ 近年は，観光資源としての役割が強くなっている。

（ 　　　　 ）（ 　　　　 ）

□ **❸** 右の写真は，秋田県男鹿半島で行われている伝統的な民俗行事です。この伝統行事の名前
を答えなさい。また，この行事は国の何に指定されているか答えなさい。

名前（ 　　　　　　　　　 ）　国の指定（ 　　　　　　　 ）

□ **❹** ①岩手県，②山形県，③福島県の伝統的工芸品を，それぞれ㋐〜㋑から選びなさい。

㋐ 天童将棋駒　　㋑ 津軽塗　　㋒ 会津塗　　㋑ 南部鉄器

①（ 　　　　 ）②（ 　　　　 ）③（ 　　　　 ）

【過去の継承と未来に向けた社会づくり】

❻ 右の地図を見て，次の問いに答えなさい。

□ **❶** 2011年3月11日に起きた東北地方太平洋沖地震を，
地図中の a〜e から選びなさい。　（ 　　　 ）

□ **❷** 地図中の X のプレートの下に太平洋プレートが
しずみこむため，太平洋沖に地震が多発しています。
X のプレートの名前を答えなさい。（ 　　　　 ）

□ **❸** 東北地方太平洋沖地震の際，地図中の Y の地域をおそった
大きな自然災害を答えなさい。

（ 　　　　　　　 ）

□ **❹** 地図中の Y の地域で行われている新しい町づくりに
ついて，「高台」という語句を使って，簡単に書きなさい。

（ 　　　　　　　 ）

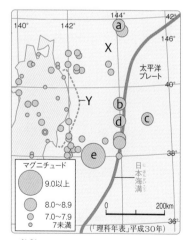

↑三陸沖で発生した主な地震

⑨ヒント ❺❷東北地方の夏祭りには，毎年多くの人が見物にやってきます。

❌ミスに注意 ❻❸海が震源の場合，ゆれの他にも大きな自然災害が起こることがあります。

Step 3 予想テスト ● **第 3 章 日本の諸地域③**

⏱ 30分　／100点　目標 70点

❶ 右の地図と雨温図を見て，次の問いに答えなさい。 各3点，❸・❹のみ6点

- ☐ ❶ 地図中の A・B の山脈，C・D の川の名前を答えなさい。
- ☐ ❷ 地図中の X・Y の海流の名前を，それぞれ漢字二文字で答えなさい。
- ☐ ❸ 地図中の Z の海域が好漁場となっている理由を，「潮境(しおざかい)」という言葉を使って，簡単に書きなさい。思
- ☐ ❹ 地図中の E の海でこんぶやわかめ，かき(牡蠣)の養殖(ようしょく)が盛(さか)んな理由を，簡単に書きなさい。思
- ☐ ❺ 右の雨温図①・②にあてはまる都市を，地図中の a・b から選びなさい。技
- ☐ ❻ 地図中の F の地域に冷害をもたらす，冷たくしめった風を何というか答えなさい。

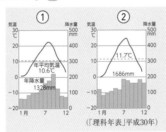

①　気温 30℃　降水量 500mm
年平均気温 10.6℃
年降水量 1328mm

②　気温　降水量
11.7℃
1686mm

（「理科年表」平成30年）

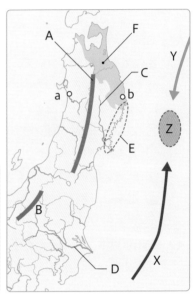

❷ 右の写真やグラフを見て，次の問いに答えなさい。 各4点，❺のみ8点

- ☐ ❶ 写真Ⅰは，千葉(ちば)を中心とする工業地域です。この工業地域の名前を答えなさい。
- ☐ ❷ 写真Ⅱは，群馬県大泉町(おおいずみまち)にある工場です。この工場がある工業地域の名前を答えなさい。
- ☐ ❸ 写真Ⅰ・Ⅱのそれぞれにあてはまるものを，㋐～㋓から選びなさい。技
  - ㋐ 広い土地を生かした自動車工場が多くある。
  - ㋑ 高速道路沿いに半導体工場が多くある。
  - ㋒ 船で運ばれる原料を使った石油化学，製鉄が盛ん。
  - ㋓ 近くでとれる石灰石を使ったセメント工業が盛ん。
- ☐ ❹ 東京都中央卸売市場(おろしうりしじょう)に入荷(にゅうか)するキャベツのうち，関東(かんとう)4県の割合を，㋐～㋓から選びなさい。技
  - ㋐ 約47%　㋑ 約57%　㋒ 約67%　㋓ 約77%
- ☐ ❺ グラフ中の関東4県のキャベツの生産について，「近郊(きんこう)農業」「高原野菜」という語句を使って，簡単に書きなさい。思

点UP

写真Ⅰ

写真Ⅱ

キャベツ 19.5万t [2017年]	群馬 25.2%	愛知 24.3	千葉 19.9	神奈川 12.6	茨城 9.2	岩手 4.3 その他 4.5

0　20　40　60　80　100%
（「東京都中央卸売市場年報」）

↑東京都中央卸売市場に入荷する野菜の県別割合

❸ 次の地図と写真を見て，次の問いに答えなさい。各4点，❹のみ9点

□ ❶ 地図Ⅰの **X** は，工場が
計画的に集められた場所
です。このような場所を
何とよぶか答えなさい。

地図Ⅰ

地図Ⅱ

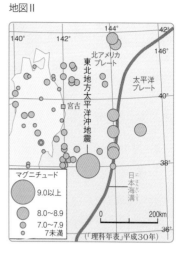

□ ❷ 地図Ⅰの **X** について，
あてはまるものには○を，
あてはまらないものには
×を付けなさい。技 思

① 海沿いにあるので，石
油や石炭を使う重工業
が盛んである。

② 半導体や自動車工場
が，交通の便が良い高速道路近くに進出した。

③ 自動車工場が，輸送に便利な空港近くに進出した。

④ 製品を空輸できる半導体工場が，空港近くに進出した。

□ ❸ 地図Ⅱを見て，東北地方太平洋沖地震のおよそのマグニチュード
を数字で答えなさい。技

□ ❹ 右の写真は岩手県宮古市にある「此処より下に家を建てるな」と
刻まれた石碑です。地図Ⅱを参考にして，宮古市に石碑が
建てられた理由を，簡単に書きなさい。思

❶	**❶** A		B		C	
	D		**❷** X		Y	
	❸					
	❹					
	❺ ①	②	**❻**			
❷	**❶**		**❷**		**❸** Ⅰ	Ⅱ
	❹	**❺**				
❸	**❶**		**❷** ①	②	③	④
	❸		**❹**			

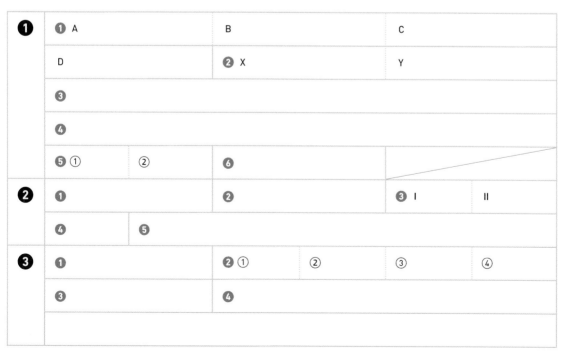

Step 1 基本チェック 第3章 日本の諸地域④ 第4章 地域の在り方

10分

次の問題に答えよう！ 間違った問題には□にチェックをいれて，テスト前にもう一度復習！

1 北海道地方 ▶教 p.257-265

解答欄

- □ ❶ 夏のしめった［季節風］によって，太平洋側の沿岸部に発生するものとは何か。▶図1　❶
- □ ❷ 北海道の先住民族は，どのような人々か。　❷
- □ ❸ ［有珠山］の噴火などの自然災害の被害を想定した地図とは何か。　❸
- □ ❹ 近年，増加しているほたて や うに などの漁業の種類は何か。▶図2　❹
- □ ❺ 石狩平野などの［泥炭地］を稲作に適した土地にするために，他から土を運びこむことを何というか。　❺
- □ ❻ 十勝川流域に広がる，日本有数の畑作地域とは何平野か。　❻
- □ ❼ ❻の平野や［根釧台地］で盛んな，家畜を飼育して乳製品を作る農業とは何か。　❼
- □ ❽ ［世界遺産］(自然遺産) に登録されている知床などを守るために進められている，自然の仕組みを学ぶ観光の在り方を何というか。　❽

2 地域の在り方 ▶教 p.270-281

- □ ❾ 2015年に持続可能な開発目標（SDGs）を定めた国際組織は何か。　❾
- □ ❿ これからのまちづくりを提案する際，最初に見つけなくてはならないことは何か。　❿
- □ ⓫ ❿が見つかったとき，次に❿の何を考察しないといけないか。　⓫
- □ ⓬ ⓫を行ったあと，新しい町づくりのためにしなくてはならないことは何か。　⓬

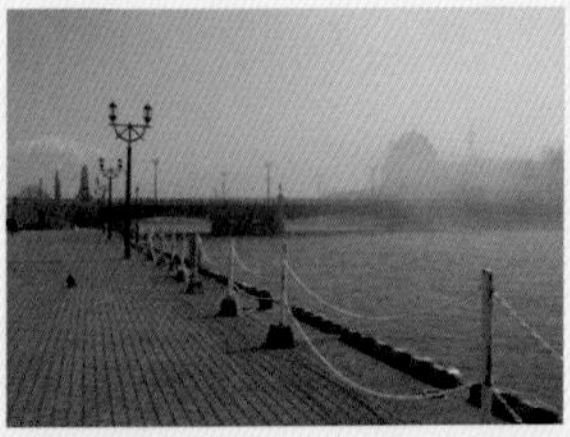

図1 濃霧
夏に南東からふく季節風が，寒流の影響で冷やされ，濃霧が発生する。

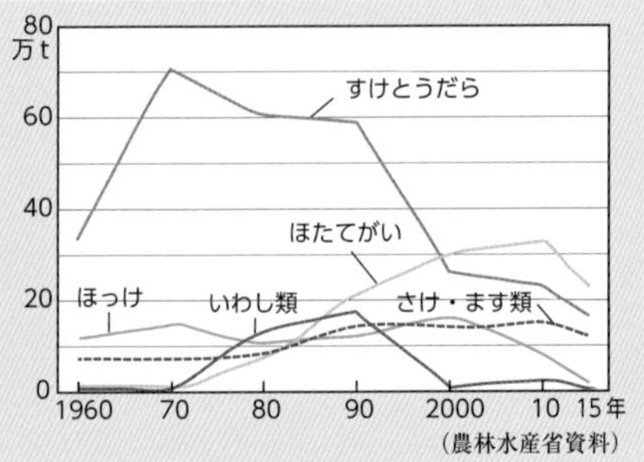

80万t
60
40
20
0
1960
70
80
90
2000
10
15年
すけとうだら
ほたてがい
ほっけ
いわし類
さけ・ます類
(農林水産省資料)

図2 近年は，すけとうだらやほっけなどの漁獲量が減り，ほたてがいなどの養殖が増加している。

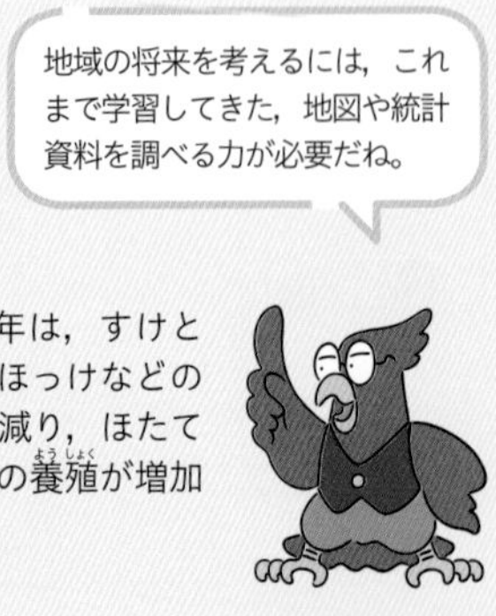

地域の将来を考えるには，これまで学習してきた，地図や統計資料を調べる力が必要だね。

［解答▶p.19］

Step 2 予想問題 ● 第3章 日本の諸地域④
● 第4章 地域の在り方

1ページ
10分×3

【北海道地方をながめて】

❶ 右の地図や雨温図を見て，次の問いに答えなさい。

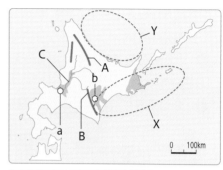

□ ❶ 地図中の A・B の山地・山脈，C の川の名前を
答えなさい。

A（　　　　　） B（　　　　　）
C（　　　　　）

□ ❷ 右の雨温図①・②にあてはまる都市を，
地図中の a・b から選びなさい。

①（　　　） ②（　　　）

□ ❸ 夏に，地図中の X の地域に発生するものは何か。

（　　　　　　　　　）

□ ❹ 冬に，地図中の Y の海に流れてくるものは何か。

（　　　　　　　　　）

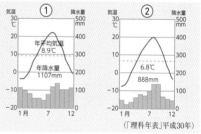

（「理科年表」平成30年）

□ ❺ 北海道の先住民はどのような人々か，次の（　　）に
あてはまる言葉を答えなさい。

・（　　　　）の人々

（　　　　　　　　　）

【自然の制約に適応する人々の工夫】

❷ 右の写真や絵を見て，次の問いに答えなさい。

□ ❶ 右の写真は，2000年に噴火して，洞爺湖温泉や周辺に大きな
被害を出した火山です。火山の名前を答えなさい。

（　　　　　　　　　）

□ ❷ ❶の火山や洞爺湖は，環境や防災について学べる観光地として，
何に認定されているか答えなさい。

（　　　　　　　　　）

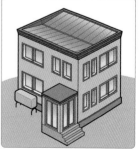

□ ❸ 右の絵は北海道の住宅の一つです。絵を観察して，雪や寒さから
暮らしを守る工夫を一つあげましょう。

（　　　　　　　　　）

□ ❹ 道路の下に電熱線や温水パイプを通して，雪を解かす設備を何と
いうか答えなさい。（　　　　　　　　　）

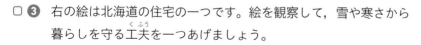

💡ヒント ❷❸屋根の形状や窓の様子に注目して観察しましょう。

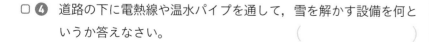

❌ミスに注意 ❶❷①は冬の降水量が多いですが，②は少ないことから考えましょう。

【 自然の制約や社会の変化を乗りこえる／自然の特色を生かした産業 】

❸ 右の地図を見て，次の問いに答えなさい。

□ ❶ 地図中の A の平野の名前を答えなさい。

（　　　　　　　　　）

□ ❷ 稲作に向かない土地が広がる A の平野に，
稲作が行えるように土を運びこむことを何というか
答えなさい。　　　　　　　（　　　　　　　　　）

□ ❸ 地図中の B の平野の名前を答えなさい。

（　　　　　　　　　）

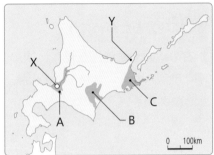

□ ❹ B の平野で行われている，異なる作物を順番につくる方法を何というか答えなさい。

（　　　　　　　　　）

□ ❺ 地図中の C の台地の名前を答えなさい。　　　　　　　（　　　　　　　　　）

□ ❻ B の平野や C の台地で行われている，飼料を生産して乳牛の飼育を行う農業を
何というか答えなさい。　　　　　　　　　　　　　　　（　　　　　　　　　）

□ ❼ 地図中の X の都市で行われている，毎年200万人以上の人々が訪れる催しとは何か
答えなさい。　　　　　　　　　　　　　　　　　　　（　　　　　　　　　）

□ ❽ 地図中の Y の自然は，何に登録されているか答えなさい。　（　　　　　　　　　）

【 身近な地域の課題を見つける 】

❹ 右の図を見て，次の問いに答えなさい。

□ ❶ 右の図は，2015年に国際連
合が定めた持続可能な開発
目標のイラストです。これ
らの略称をアルファベット
で答えなさい。

（　　　　　　　　　）

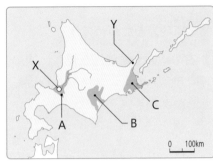

□ ❷ 右の17個のイラストに
ついてあてはまるものを，
㋐〜㋓から二つ選びなさい。

㋐ これらは，日本の将来の町づくりのために必要な要件をまとめたものである。

㋑ これらは，世界各国が取り組むべき目標を整理したものである。

㋒ これらの目標は，貧困や教育，産業，環境など，広い分野にわたっている。

㋓ 発展途上国を豊かにするために，先進国が解決すべき課題が整理してある。

（　　　　　）（　　　　　）

- -

ヒント ❹❷17個のイラストに書かれている内容を読んで考えるようにしましょう。

ミスに注意 ❹❶「Sustainable Development Goals」の略です。最後のsは小文字です。

【 課題を調査する／要因を考察する／解決策を構想する 】

❺ 右の宮崎市の資料を見て，次の問いに答えなさい。

□ ❶ 資料Ⅰ・Ⅱからわかることを，㋐〜㋓から二つ選びなさい。

　　㋐ 宮崎市の総人口は減少している。

　　㋑ 宮崎市の15歳までの人は，郊外に多い。

　　㋒ 宮崎市の高齢者の割合は，郊外ほど高い。

　　㋓ 宮崎市では少子化が進んでいる。

　　　　　　　　　　　　（　　　　　）（　　　　　）

□ ❷ 資料Ⅱ・Ⅲからわかることを，㋐〜㋓から二つ選びなさい。

　　㋐ 中心市街地の事業所数と従業員数は減少している。

　　㋑ 中心市街地は高齢者の割合が高いので，
　　　従業員数が減少している。

　　㋒ 中心市街地には人が集まらなくなっている。

　　㋓ 中心市街地の高齢者割合は低いので，
　　　事業所数が減少している。

　　　　　　　　　　　　（　　　　　）（　　　　　）

□ ❸ 資料Ⅰ〜Ⅲから，地域にどのような影響があるか，
　　あてはまるものを，㋐〜㋓から二つ選びなさい。

　　㋐ 高齢化が進み，働く人が減るため，観光業が盛んになる。

　　㋑ 中心市街地の商店が閉まり，ますます人が来なくなる。

　　㋒ 郊外で高齢化が進み，通勤や通学で外出する人が減り，
　　　交通機関が廃止になる。

　　㋓ 中心市街地の事業所が郊外に移転するようになる。

　　　　　　　　　　　　（　　　　　）（　　　　　）

資料Ⅰ

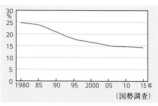

↑15歳までの人口の割合の変化

資料Ⅱ

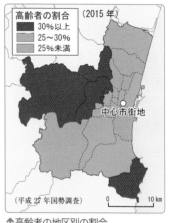

↑高齢者の地区別の割合

資料Ⅲ

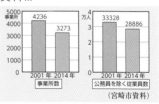

↑中心市街地の事業所の変化

【 地域の将来像を提案する 】

❻ 次の問いに答えなさい。

□ ❶ 宮崎市の調査を進めていくうちに，自動車を運転しなくなった高齢者が中心市街地に
　　行かなくなっていることがわかりました。この課題を解決する提案として，
　　あてはまるものを㋐〜㋒から選びなさい。

　　㋐ 郊外に自動車のスクールを造って，高齢者に自動車を運転してもらう。

　　㋑ 中心市街地に高層マンションを建てる。

　　㋒ 地域を安い値段で巡回するコミュニティバスを運行する。

　　　　　　　　　　　　　　　　　　　　　　（　　　　　）

‥‥

💡ヒント ❻❶町づくりの提案は，実現度も大切な指標となります。

✕ミスに注意 ❺❸高齢化と中心市街地に人が来ないことによる影響を考えましょう。

Step 3 予想テスト 第3章 日本の諸地域④ 第4章 地域の在り方

30分　/100点　目標 70点

❶ 右の地図とグラフを見て，次の問いに答えなさい。　各4点

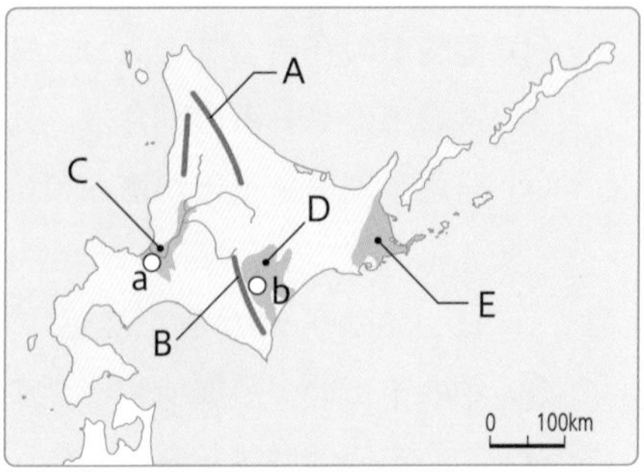
A
B
C
D
E
a
b
0 100km

□ ❶ 地図中のA・Bの山地・山脈，C・Dの平野，Eの台地の名前を答えなさい。

□ ❷ 次の①・②にあてはまる都市を，地図中のa・bから選びなさい。

① 冬は暖流の影響(えいきょう)で水分を多くふくんだ季節風によって雪が多く降る。

② 冬の寒さが厳(きび)しいが，雪の量は少ない。

□ ❸ 右のグラフを見て，北海道の畑と水田は全国平均の約何倍か答えなさい。
（小数点以下は四捨五入しなさい）[技]

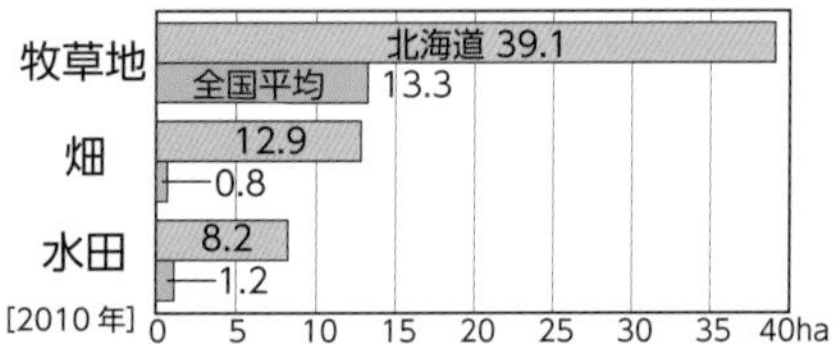
牧草地
北海道 39.1
全国平均 13.3
畑
12.9
0.8
水田
8.2
1.2
[2010年]
0 5 10 15 20 25 30 35 40ha
（「世界農林業センサス」）

↑農家一戸あたりの耕地面積

□ ❹ 北海道の畑作について正しいものを，㋐～㋓から二つ選びなさい。

㋐ 広大な農地で，大型の機械を導入している。

㋑ 近年は外国産の安い農作物によって，利益が出にくくなっている。

㋒ 地産地消のための作物が多く，全国には流通していない。

㋓ 根釧(こんせん)台地が畑作の中心地である。

❷ 右の写真とグラフを見て，次の問いに答えなさい。　各4点

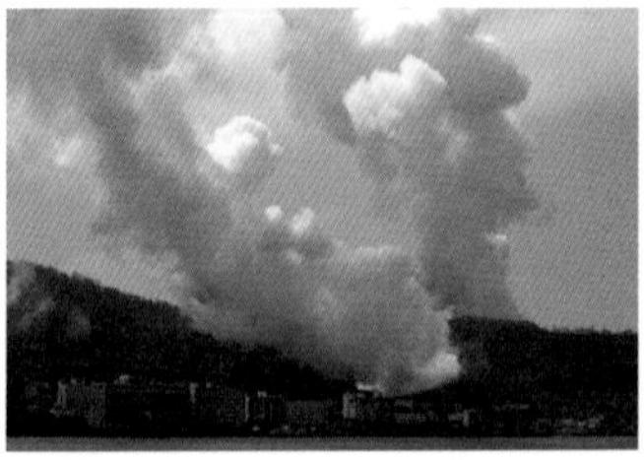

□ ❶ 右の写真は，2000年に噴火(ふんか)した火山です。火山の名前を答えなさい。

点UP □ ❷ ❶の噴火によって，洞爺(とうや)湖温泉や周辺に大きな被害(ひがい)をあたえましたが，人命の被害が出なかった理由を，「防災マップ」という語句を使って，簡単に書きなさい。[思]

□ ❸ 右のグラフのAは，かつて盛(さか)んだったにしんに代わってとるようになった魚です。この魚を㋐～㋓から選びなさい。

㋐ たい　㋑ まぐろ

㋒ たこ　㋓ すけとうだら

□ ❹ 右のグラフで増加傾向(けいこう)にあるほたてがいは，どのような漁業で漁獲(ぎょかく)されているか答えなさい。

□ ❺ 北洋漁業の拠点(きょてん)を㋐～㋓から二つ選びなさい。

㋐ 函館(はこだて)　㋑ 釧路(くしろ)　㋒ 苫小牧(とまこまい)　㋓ 根室(ねむろ)

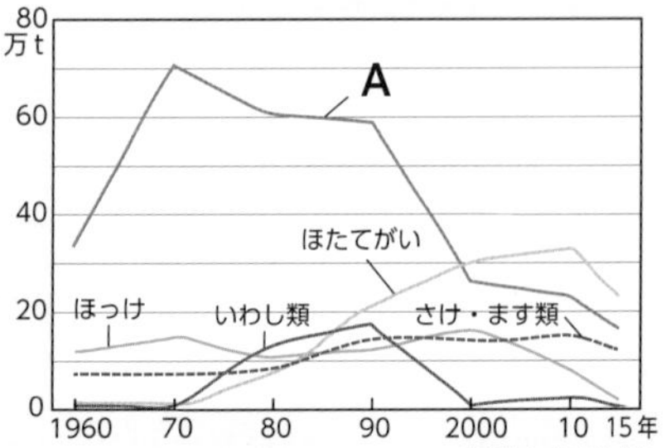
80
万t
60
40
20
0
A
ほたてがい
ほっけ
いわし類
さけ・ます類
1960 70 80 90 2000 10 15年
（農林水産省資料）

↑北海道の漁獲量の変化

　成績評価の観点 [技]…資料活用の技能 [思]…社会的な思考・判断・表現

❸ 宮崎市について，資料Ⅰ・Ⅱを見て，次の問いに答えなさい。各4点

□ ❶ 資料Ⅰ・Ⅱを見て，宮崎市についてあてはまるものには〇を，あてはまらないものには×を付けなさい。[技]

① 郊外の住宅団地には高齢者が多い。

② 郊外の住宅団地の子ども数は増加している。

③ 中心市街地ほど高齢者の割合が高い。

④ 宮崎市の郊外では少子高齢化が進んでいる。

資料Ⅰ

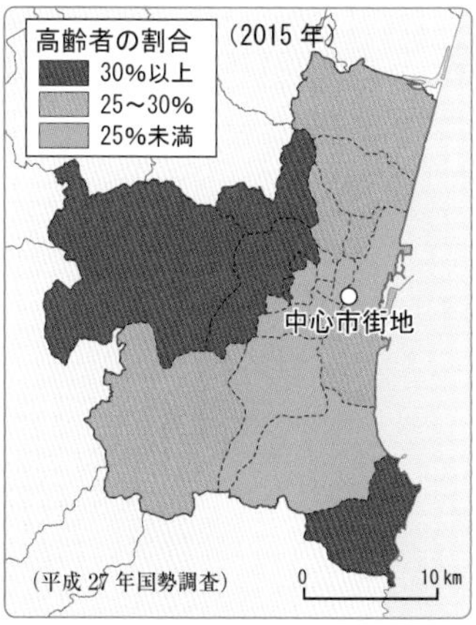

↑高齢者の地区別の割合

点UP □ ❷ 調べていくうちに，宮崎市には「少子高齢化」と「中心市街地に人が集まらない」という課題があることがわかりました。そして，これを解決するために，「バスなどの公共交通を充実させる」という提案をすることにしました。この提案をするときに必要な考え方について，次の図の①～④にあてはまる文を，㋐～㋓から選びなさい。[思]

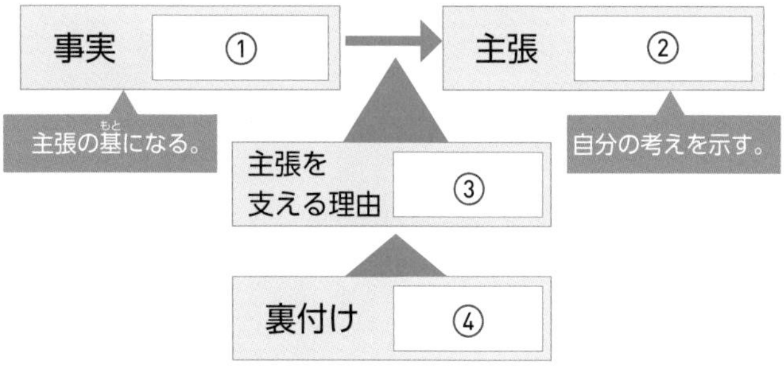

資料Ⅱ

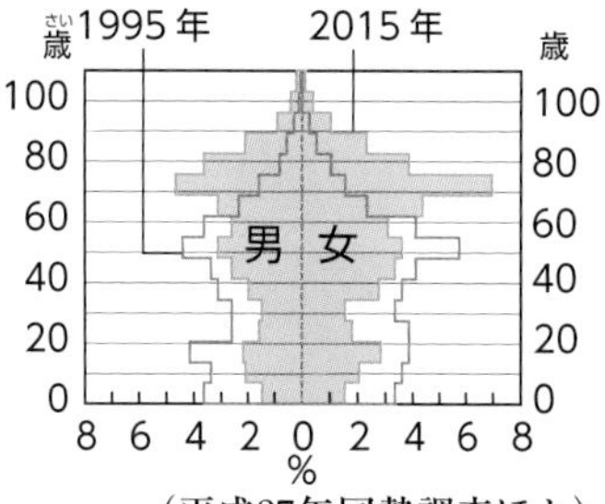

↑郊外の住宅団地がある地区の人口ピラミッドの変化

㋐ バスなどの公共交通を充実させる。

㋑ 郊外で少子高齢化が進んでいる。

㋒ 中心市街地に人が集まらなくなっている。

㋓ 郊外に住む「交通弱者」も中心市街地に出かけやすいまちにしたい。

❶	❶ A	B		C	
	D	E		❷ ①	②
	❸ 畑	水田		❹	
❷	❶	❷			
	❸	❹		❺	
❸	❶ ①	②	③	④	
	❷ ①	②	③	④	

❶ ／44点 ❷ ／24点 ❸ ／32点

[解答▶p.20]

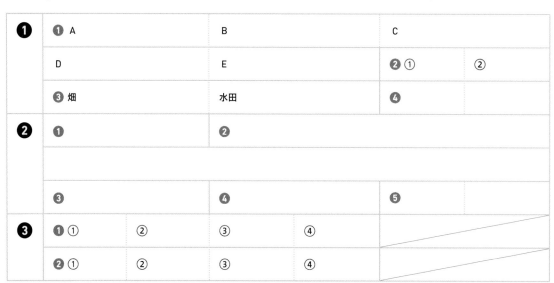

東京書籍版・中学社会地理

テスト前 ☑ やることチェック表

① まずはテストの目標をたてよう。頑張ったら達成できそうなちょっと上のレベルを目指そう。
② 次にやることを書こう（「ズバリ英語○ページ，数学○ページ」など）。
③ やり終えたら□に✔を入れよう。
　最初に完ぺきな計画をたてる必要はなく，まずは数日分の計画をつくって，
　その後追加・修正していっても良いね。

目標

	日付	やること1	やること2
2週間前	／	☐	☐
	／	☐	☐
	／	☐	☐
	／	☐	☐
	／	☐	☐
	／	☐	☐
	／	☐	☐
1週間前	／	☐	☐
	／	☐	☐
	／	☐	☐
	／	☐	☐
	／	☐	☐
	／	☐	☐
	／	☐	☐
テスト期間	／	☐	☐
	／	☐	☐
	／	☐	☐
	／	☐	☐
	／	☐	☐

QRコードのページに登録すると，「ぴたリンク」からも表をダウンロードできるよ

テスト前 ☑ やることチェック表

① まずはテストの目標をたてよう。頑張ったら達成できそうなちょっと上のレベルを目指そう。
② 次にやることを書こう（「ズバリ英語〇ページ，数学〇ページ」など）。
③ やり終えたら□に✔を入れよう。
　最初に完ぺきな計画をたてる必要はなく，まずは数日分の計画をつくって，
　その後追加・修正していっても良いね。

目標

	日付	やること1	やること2
2週間前	／	☐	☐
	／	☐	☐
	／	☐	☐
	／	☐	☐
	／	☐	☐
	／	☐	☐
	／	☐	☐
1週間前	／	☐	☐
	／	☐	☐
	／	☐	☐
	／	☐	☐
	／	☐	☐
	／	☐	☐
	／	☐	☐
テスト期間	／	☐	☐
	／	☐	☐
	／	☐	☐
	／	☐	☐
	／	☐	☐

東京書籍版 社会地理 | 定期テスト　ズバリよくでる | 解答集

第 1 編 世界と日本の姿

第 1 章 世界の姿
第 2 章 日本の姿

p.2　Step ❶

① 太平洋　② ユーラシア大陸　③ ヨーロッパ州
④ 緯度　⑤ 緯線　⑥ 経線　⑦ 本初子午線
⑧ 経度　⑨ ユーラシア大陸　⑩ 135度
⑪ 1 時間　⑫ 領域　⑬ 排他的経済水域
⑭ 都道府県

p.3-5　Step ❷

❶ ① ㋐　② 太平洋
③ B ユーラシア大陸　C オーストラリア大陸

❷ ① ① 記号㋔　国名チリ
② 記号㋑　国名ロシア連邦
③ 記号㋒　国名モンゴル
② ㋒　③ d

❸ ① X 赤道　Y 本初子午線
② 緯度北緯36度　経度東経140度
③ ① B　② A　③ A　④ B

❹ ① ① ㋓　② ㋐　③ ㋖　④ ㋘
② 標準時子午線
③ 明石市

❺ ① 排他的経済水域　② ㋑
③ 竹島　④ C　⑤ 沖ノ鳥島

❻ ① A 北海道地方　B 東北地方　C 関東地方
D 中部地方　E 近畿地方
F 中国・四国地方　G 九州地方
② 中央高地　③ 県庁所在地

考え方

❶ ① ② 地球の表面には，太平洋，大西洋，インド洋の三大洋があり，最も広いのは太平洋である。
③ B は六大陸の中で最も面積の広いユーラシア大陸で，アジア州とヨーロッパ州がふくまれる。C はオーストラリア大陸で，最も小さい大陸である。

❷ ① ① チリは南アメリカ州の太平洋側にある国で，南北に細長い。
② 世界最大の面積の国はロシアで，カナダ，アメリカ，中国と続く。
③ 内陸国とは海に面していない国である。アフリカ，ヨーロッパ，中央アジアに多い。
② 世界には190余りの国があり，形や面積，人口，自然がさまざまである。
③ 地図中の d は北緯49度を示し，緯線を利用した国境になっている。

❸ ① X の赤道は，アフリカの中央，シンガポール付近，アマゾン川河口部を通過する。Y の本初子午線は，イギリスのロンドンを通過する。
② 東京は「北緯」「東経」の範囲に位置する。
③ A の地図は，陸地の面積がほぼ正しいが，赤道からはなれるほど形がゆがむ。B は中心からの距離と方位が正しいが，中心からはなれるほど形がゆがむ。

❹ ① ④ 経度の差が15度で 1 時間の時差が生じるので，30度の差があると 2 時間の時差となる。
② ③ 東経135度は兵庫県明石市を通り，日本の標準時を決める子午線である。

❺ ① ② 排他的経済水域は沿岸から200海里（約370km）以内と決められた海域で，自国の水産資源や鉱産資源を自由に利用できる。
③ 韓国が不法に占拠しているのは竹島（島根県），中国や台湾が領有権を主張しているのは尖閣諸島（沖縄県）なので，間違えないようにしよう。
④ ⑤ 沖ノ鳥島は岩礁が海面に出ているだけの島だが，その排他的経済水域は日本の国土面積よりも広いので，政府は島が侵食しないように，護岸工事を施している。

❻ ① Fの中国・四国地方は，中国地方と四国地方に分けることもある。

② 中部地方の新潟県・富山県・石川県・福井県は北陸，長野県，山梨県，岐阜県北部は中央高地，静岡県，愛知県，岐阜県南部，三重県は東海とよぶ。

p.6-7 Step ❸

❶ ① A **ロシア**　B **モンゴル**
C **ニュージーランド**　D **アメリカ**
E **ブラジル**

② 内陸国 **B**　海洋国 **C**

③ **㋐，㋑**

④ **9時間**

⑤ **9月21日午後7時**

❷ ① **㋑**　② **㋐**

③ ① **×**　② **×**　③ **○**　④ **○**　⑤ **×**

❸ ① A **択捉島**　B **南鳥島**(みなみとりしま)　C **沖ノ鳥島**(おきのとりしま)
D **与那国島**(よなぐにじま)

② 写真Ⅰ **B**　写真Ⅱ **C**

③ **排他的経済水域**

④ **200海里**

⑤ 例 **水産資源や鉱産資源を独占的に調査できる権利。**

⑥ **ロシア**

⑦ **北方領土**

⑧ **㋒**　⑨ **㋐**

考え方

❶ ② 内陸国は海に面していない国で，Bのモンゴル。海洋国は海に囲まれた国で島国ともいう。地図ではCのニュージーランドが当てはまる。

③ ㋒ 日本の南北の位置は，およそ北緯20度から46度になるので誤り。
㋓ 日本はユーラシア大陸の東に位置するので誤り。

④ 地球は1周360度自転するのに24時間かかるため，15度で1時間の時差が生じる。時差は〈経度差÷15（度)〉で求めるので，東京とロンドンの時差は，〈(135−0)÷15＝9〉で9時間となる。

⑤ 経度差は〈135−30＝105（度)〉なので，時差は〈105÷15＝7（時間)〉となる。カイロは東京よりも西にあるため時差の分だけ時刻をもどすと，9月21日午後7時となる。

❷ ① 陸地の面積が正しい地図は㋑である。

② ㋐ の地図は緯線と経線が直角に交わっており，2地点を結ぶ直線を引くと，緯線と経線との角度が一定になる。

③ 中心からの距離(きょり)と方位が正しい㋒の地図を見て答える。
① ナイロビは東京から見て西にあるので×。
② オーストラリア大陸は，東京から5000〜10000kmの範囲にあるので×。
⑤ ㋐の地図ではグリーンランドはオーストラリア大陸よりも大きく表されているが，面積の正しい㋑の地図を見ると，グリーンランドのほうが小さいので×。

❸ ① 東端の島名は南鳥島なので，南端の沖ノ鳥島と混同しないようにしましょう。

② 写真Ⅰは B の南鳥島で，現在は海上自衛隊と気象庁の施設が置かれている。

③④⑤ 地図中の X は排他的経済水域である。沿岸から200海里（約370km）以内と決められた海域で，自国の水産資源や鉱産資源を自由に利用できる。日本は海洋国のため，排他的経済水域の面積が広い。

⑥⑦⑧ 地図中の Y は北方領土で，ロシアが不法に占拠している。北方領土には歯舞群島，色丹島，国後島，択捉島がふくまれる。奥尻島は北海道南部の日本海にある島である。

⑨ 竹島は島根県隠岐(おき)の島町(しまちょう)に属した日本固有の領土だが，現在は韓国が不要に占拠している。

第2編　世界のさまざまな地域

第1章　世界各地の人々の生活と環境

p.8 Step ❶

① **寒帯**　② **イヌイット**　③ **冷帯(亜寒帯)**
④ **タイガ**　⑤ **永久凍土**(とうど)　⑥ **温帯**
⑦ **地中海性気候**　⑧ **乾燥帯**　⑨ **熱帯**
⑩ **高山気候**　⑪ **キリスト教**　⑫ **イスラム教**
⑬ **仏教**

p.9-11 Step 2

❶ ① Ⅰ 寒帯　Ⅱ 冷帯(亜寒帯)
② イヌイット
③ ㋑，㋓　④ Ⅱ
⑤ タイガ

❷ ① ㋐，㋓
② ㋒，㋓

❸ ① 乾燥帯
② ㋑，㋒
③ オアシス
④ サヘル
⑤ 焼畑(やきはた)農業

❹ ① A 高山気候　B 熱帯
② ㋒
③ リャマ
④ 熱帯雨林

❺ ① ① C　② B　③ A　④ D
② 例 北海道と東北地方の一部は冷帯(亜寒帯)で，多くは温帯である。

❻ ① イスラム教
② コーラン
③ ヒンドゥー教

考え方

❶ ① ② 写真Ⅰはイグルーとよばれるドーム型の住居で，寒帯に住むイヌイットがかつて居住していた。写真Ⅱは冷帯に広がるタイガとよばれる針葉樹林の森林である。

③ イヌイットはカナダ北部の寒帯の地域に住む人々で，現在は町で電気や暖房のある住居に住んでおり，犬ぞりに代わってスノーモービルを使って狩りや漁を続けている。

④ 雨温図を見ると，夏は月平均気温が10度をこえて暖かいので，冷帯である。

❷ ① ローマも東京も温帯の都市であるが，季節の降水量に違いがある。東京は夏の降水量が多いが，ローマは乾燥することを読み取ろう。

② 夏に気温が高く乾燥する気候に適しているのは，ぶどうとオリーブである。

❸ ① 草木がないこと，らくだがいることから乾燥帯だと判断する。

② 乾燥帯の砂漠ではらくだは生活と密接に結び付いており，荷物を運んだり，乳や肉は貴重な食料にもなる。

③ 砂漠には，自然のわき水や井戸などで水が得られるオアシスが点在している。

④ サハラ砂漠の南には，サヘルとよばれる樹木や草が少しだけ育つ地域が広がっている。

⑤ サヘルなどの乾燥帯の地域では，樹木などを切りはらって，燃やした灰を肥料とする焼畑農業が行われてきた。

❹ ① ② 赤道に近い地域は熱帯に属している地域が多い。しかし，標高が100m上がると気温は約0.6℃下がることから，赤道付近でも高山では年平均気温が低く，高山気候となる。以上のことから，雨温図のAは高山気候で，Bは熱帯である。

③ 高山で多く飼育されている家畜(かちく)はリャマとアルパカである。リャマは荷物の輸送に使い，アルパカの毛はポンチョなどの衣類の原料となる。

④ 熱帯には熱帯雨林が広がり，多くの動植物が生息している。

❺ ① 気温の折れ線グラフから気候帯を判断し，次に降水量の棒グラフから気候区を考えるようにする。
① 温帯で，降水量の変化が激しいのでCの温暖湿潤気候。
② 乾燥帯で，わずかに雨の降る時期があるのでBのステップ気候。
③ 熱帯で，一年中雨が降るのでAの熱帯雨林気候。
④ 冬の気温が−30℃近くまで下がるので，Dの氷雪気候。

② 広い範囲が温帯で，東北地方北部より北は冷帯（亜寒帯）であることが書いてあれば正解。

❻ ① ② 1日5回，聖地メッカに向かっていのることが決まりとなっているのはイスラム教である。

③ インドの80％以上の人が信仰(しんこう)するヒンドゥー教では，聖なる川であるガンジス川で沐浴して身体を清める習慣がある。

▶ 本文 p.12-13

p.12-13 Step 3

❶ ① C，地中海性気候
② D，冷帯（亜寒帯）気候
③ A，熱帯雨林気候
④ B，砂漠気候
⑤ E，高山気候

❷ ① B ② A ③ D
④ A イスラム教 B キリスト教 C 仏教 D ヒンドゥー教

❸ ① 乾燥帯
② ㋐，㋑
③ 例 永久凍土に熱が伝わらないようにするため。
④ タイガ
⑤ ①○ ②× ③○ ④× ⑤×

考え方

❶ ① 温帯には３つの気候区がある。夏に乾燥し冬に雨が降るのは地中海性気候で**C**。雨が多く季節による気温や降水量の変化が大きいのは温暖湿潤気候で，日本も広い範囲（はんい）がふくまれる。緯度が高いわりには寒くなく，一年を通して雨が降るのは西岸海洋性気候である。

② 雨温図の気温の折れ線を見ると，冬の気温が−20℃近くまで下がるが夏は10℃以上になるので冷帯（亜寒帯）気候である。夏が10℃に満たないような地域は寒帯となる。

③ 熱帯雨林が広がる気候区は熱帯雨林気候で**A**の地域である。同じ熱帯のサバナ気候は熱帯雨林気候の周辺にあり，まばらな樹木とたけの長い草原が広がる。

④ 一年を通してとても雨が少なく，オアシスが点在するのは砂漠（さばく）気候で**B**。ステップ気候は降水量は少ないが雨が降る時期がある。

⑤ 標高が高く気温が低い気候区は高山気候である。ヒマラヤ山脈，ロッキー山脈，アンデス山脈の高地などに分布している。

❷ ① キリスト教は，ヨーロッパ，南北アメリカ，オーストラリアを中心に広がり，信者の人口も最も多い。

② イスラム教には多くの宗教的な決まりがある。１日５回の礼拝や断食（だんじき），酒や豚肉（ぶたにく）の飲食の禁止など，日常生活で決まりを守りながら生活している。

③ 牛を神の使いとするのはヒンドゥー教で，インドの80％以上の人が信仰（しんこう）している。ヒンドゥー教を信仰する人の多くは身を清めるためにガンジス川で沐浴（もくよく）をする。

④ キリスト教，イスラム教，仏教を三大宗教とよび，他にもヒンドゥー教やユダヤ教など，多数の宗教がある。

❸ ① 草木がないこと，らくだがいることから乾燥帯だと判断する。らくだは少ない水分でも生きていけるため，乾燥帯の砂漠で生活と密接に結び付いており，荷物を運ぶ他，乳や肉は貴重な食料にもなる。

② ㋒ 樹木が少ないため，多くの住居は土を固めた日干しレンガなどで造られているので誤り。
㋓ 近年は人口が増え，より多くの食料や燃料が必要となっていることが課題である。現在，国際連合や各国による援助（えんじょ）が行われている地域も少なくない。

③ 永久凍土とは冷帯のタイガの下に広がる，一年中こおったままの土をいう。永久凍土の上に住居が建つと，家屋の熱のため凍土が解けて家屋が傾（かたむ）くため，高床にして熱が凍土に伝わることを防いでいる。ここでは「熱が土に伝わらないようにする」ことが書いてあれば正解。

④ 冷帯のシベリアに広がる針葉樹林をタイガとよぶ。

⑤ ② イタリアのぶどう畑が広がる地域は，夏に乾燥する地中海性気候である。夏の日差しを避（さ）けるために，窓は小さくして，外側には木のとびらをつける家屋が多いので×。
④ りんごやなしも温帯で作られる作物だが，地中海性気候のような夏の乾燥にたえる作物ではないので×。
⑤ 地中海性気候なので×。温暖湿潤気候は大陸の東部に分布しており，日本もほとんどの地域が温暖湿潤気候である。

第２章 世界の諸地域①

p.14 Step ❶

① ヒマラヤ山脈 ② モンスーン（季節風）
③ アジアNIES（新興工業経済地域）
④ 経済特区 ⑤ 東南アジア諸国連合（ASEAN）
⑥ ＩＣＴ（情報通信技術）産業
⑦ 石油輸出国機構（OPEC） ⑧ 偏西風
⑨ ＥＵ（ヨーロッパ連合） ⑩ 酸性雨
⑪ 経済格差 ⑫ ハイテク産業

p.15-17 Step ❷

❶ ① a 黄河 b 長江 c メコン川 d ガンジス川
② ヒマラヤ山脈
③ 世界の屋根
④ ① シンガポール ② リヤド
⑤ 例 南からしめったモンスーンがふくため。
❷ ① 経済特区
② アジアNIES（新興工業経済地域）
③ ASEAN
④ ㋑
❸ ① A インド B サウジアラビア
② ヒンドゥー教
③ イスラム教
④ ベンガルール
⑤ OPEC
⑥ レアメタル
❹ ① a ライン川 b アルプス山脈
② X 北大西洋海流 Y 偏西風
③ フィヨルド
④ ① パリ ② ローマ
⑤ キリスト教
⑥ 夏の乾燥（夏の少雨）
❺ ① ヨーロッパ共同体（EC）
② ユーロ
③ ユーロスター ④ ㋒
❻ ① GNI
② ① ㋒ ② ㋐ ③ ㋔ ④ ㋖

考え方

❶ ③ アジア州中央部の8000mを超える山々が連なるヒマラヤ山脈やチベット高原は「世界の屋根」とよばれる。
④ ① 気温の折れ線から熱帯のシンガポールだと判断する。
② 降水量が少ないため，乾燥帯のリヤドだと判断する。
⑤ 東南アジアや南アジアにはインド洋からしめったモンスーン（季節風）がふくため降水量が多い。逆に冬は大陸から乾燥したモンスーンがふくため乾季となる。
❷ ① 中国では1980年代から経済の改革が進められ，経済特区を設けて外国企業を受け入れた。
② 大韓民国（韓国），シンガポール，台湾，ホンコン（香港）は，早くから工業化を進めて急成長した。これらの国や地域をアジアNIES（新興工業経済地域）とよぶ。
③ ASEAN（東南アジア諸国連合）は，東南アジアの国々が経済成長や文化の発展などを目的に参加している機関である。
④ GDPとは国内総生産のことで，一定期間内に国内で新たに生み出されたモノやサービスの付加価値のこと。中国の沿岸部はGDPが大きいが，内陸部は低いことがわかる。
❸ ② Ａの国はインドで，ヒンドゥー教が広まっている。
③ Ｂの国はサウジアラビアで，イスラム教発祥の国である。
④ ａはベンガルールで，欧米企業が進出するICT（情報通信技術）産業の中心地である。
⑤ Ｘの国々はOPEC（石油輸出国機構）加盟国で，産油国の利益を確保するために設立された。他にもアフリカのアルジェリアや南アメリカのベネズエラなどの産油国も加盟している。
⑥ Ｙの中央アジアは，電子機器などに使われるレアメタル（希少金属）の産地である。近年，スマートフォンなどの普及で，レアメタルの需要が高まっている。

❹ ❷ ヨーロッパが高緯度にもかかわらず温暖なのは，暖流の北大西洋海流の上空を西にふく偏西風の影響のためである。

❸ フィヨルドとは氷河によってけずられた細長い谷に，海水が入ってできた地形である。

❹ ① は一年を通して降水量があるので，西岸海洋性気候のパリ。② は夏に乾燥する地中海性気候のローマである。

❻ 地中海性気候なので，夏に乾燥することが書いてあれば正解。

❺ ❶ ❷ ＥＵはヨーロッパ共同体（EC）が発展して設立された。2002年には共通通貨のユーロが導入され，域内の多くの国で流通している。

❹ ㋒ＥＵ域内ではパスポートがなくても行き来が自由のため，国をこえて通勤や買い物に行く人も多い。

❻ ❶ 国民総所得（GNI）とは，国民が一年間に得た所得の合計で，国の豊かさを測る経済指標である。

❷「ＥＵ各国の一人あたりの国民総所得」の地図から西ヨーロッパはGNIが高く，東ヨーロッパや南ヨーロッパでは低いことがわかる。これらの格差がヨーロッパの課題の一つである。

p.18-19 Step ❸

❶ ❶ **A**

❷ **モンスーン**

❸ ㋑

❹ a **キリスト教** b **ヒンドゥー教**
c **イスラム教**

❺ d **マレーシア** e **インドネシア**

❻ **プランテーション**

❼ X **ASEAN** Y **OPEC**

❷ ❶ ①× ②○ ③× ④○

❷ 例 **EUに加盟する国の間では貿易品に関税がかからないため。**

❸ **ユーロ**

❹ **ユーロスター**

❺ 例 **西ヨーロッパと東ヨーロッパでは，経済格差がある。**

❻ ㋓

❸ ❶ ①× ②× ③○ ④○
❷ ①○ ②× ③× ④○

[考え方]

❶ ❶ ❷ ❸ 東南アジアと東アジアには，冬は大陸から，夏はインド洋からモンスーン（季節風）がふく。夏のしめったモンスーンによって東南アジアには多くの雨が降り，世界的な稲作地帯となっている。

❹ aのフィリピンはかつてスペインの植民地だったため，キリスト教徒が多い。

❺ ❻ dのマレーシアやeのインドネシアにはヨーロッパ人が開いたプランテーションとよばれる大農園があり，現在では現地の人々によって経営されている。

❼ Xは東南アジアの国々が経済成長や文化の発展などを目的に加盟しているASEAN（東南アジア諸国連合）。Yは産油国の利益を確保するために設立されたOPEC（石油輸出国機構）である。

❷ ❶ ① ＥＵの人口は約5.1億人，アメリカは約3.2億人なので×。
③ アメリカの面積は約983万㎢，EUは約437万㎢で約2.2倍なので×。

❷ 関税とは貿易品（主に輸入品）にかかる税で，EU加盟国間の貿易には関税がかからない。そのため，自由に貿易ができる。ここでは「貿易品に関税がかからない」ことが書いてあれば正解。

❺「ＥＵ各国の一人あたりの国民総所得」の地図から西ヨーロッパはGNIが高く，東ヨーロッパや南ヨーロッパでは低いことがわかる。ここでは，「西ヨーロッパと東ヨーロッパでは，経済格差がある」または「西ヨーロッパと東・南ヨーロッパでは，経済格差がある」ことが書いてあれば正解。

❻ GNIの低い東・南ヨーロッパの労働者は高い賃金を求めてドイツやイギリスなどの西ヨーロッパの国々に移動している。

❸ ❶ ① 中国では西部より東部の一人あたりのGDPが高いく，東部は農業より工業が発達していると考えられるので×。

② 東部にある首都ペキンは，急速な都市化に環境対策が追いつかず，大気汚染が問題となっていることから，人口も集中していると考えられるので×。

➋ ② ドイツでは，全発電量にしめる再生可能エネルギーの割合が増加しているので×。

③ デンマークやドイツ，スペインでは，全発電量にしめる再生可能エネルギーの割合が増加しており，環境に配慮した工業生産が進められていると考えられるので×。

第２章 世界の諸地域②

p.20 Step ❶

➊ プランテーション ➋ 遊牧 ➌ レアメタル
➍ モノカルチャー経済 ➎ アフリカ連合（AU）
➏ NAFTA ➐ ヒスパニック
➑ 適地適作 ➒ 企業的な農業
➓ サンベルト ⓫ シリコンバレー

p.21-23 Step ❷

❶ ➊ A **サハラ砂漠** B **ナイル川** C **コンゴ盆地**
➋ **０度** ➌ **ケープタウン**
➍ **イスラム教** ➎ ㋒ ➏ **奴隷**（どれい）

❷ ➊ ① **プランテーション** ② **モノカルチャー**
③ **レアメタル** ④ **AU**
➋ ㋐ ➌ ㋓

❸ ➊ a **ロッキー山脈** b **ミシシッピ川**
➋ ① **アンカレジ** ② **ロサンゼルス**
③ **ハバナ**
➌ ㋑，㋒

❹ ➊ ① ㋒ ② ㋐ ③ ㋑ ➋ A ㋓ B ㋒
➌ **適地適作** ➍ **企業的な農業**

❺ ➊ ① A ② C ③ B
➋ **シリコンバレー** ➌ ㋑

❻ ➊ ① ㋓ ② ㋐ ➋ **ヒスパニック** ➌ ㋓

考え方

❶ ➋ アフリカにおける赤道は，南北のほぼ中央を通る。

➌ 気温の折れ線を見ると，７月が冬なので南半球の温帯に位置するケープタウンだと判断できる。

➍ アフリカではサハラ砂漠以北ではイスラム教，以南はキリスト教と各地で古くから信仰されている宗教が混在している。

➎ ヨーロッパの支配を受けていないのはエチオピア，リベリアと南アフリカ連邦（現在の南アフリカ共和国）だけである。

❷ ➊ アフリカには，単一の農産物や鉱産資源の輸出にたよるモノカルチャー経済の国が多い。近年はレアメタルの需要（じゅよう）が高まり，赤道以南の国々で多く産出されている。

➋ ➌ コートジボワールは輸出額の30％がカカオ豆で，コンゴ民主共和国のコバルト産出量は世界の２分の１をしめる。(2015年) (2015年)

❸ ➋ ① 気温から冷帯だと判断できるのでアンカレジ。

② 温帯で夏に降水量が少ないので地中海性気候のロサンゼルス。

③ 気温から熱帯だと判断できるのでハバナ。

➌ ㋐ ヨーロッパから来た移民は先住民の土地をうばって開拓（かいたく）を進めるなどしたので誤り。

㋑ NAFTAは，2020年７月に失効し，代わりに米国・メキシコ・カナダ協定（USMCA）が発効された。

㋓ カナダの公用語は，英語とフランス語なので誤り。

❹ ➊ ➋ アメリカの農業は，西経100度を境に東では主にとうもろこし，大豆，綿花，小麦の栽培と酪農が盛ん。西は小麦の栽培と放牧が中心である。

➌ アメリカでは，それぞれの環境に適した単一の農作物を栽培する適地適作が行われている。

➍ アメリカでは，大型の機械や設備を導入して，少ない労働力で広い面積を経営する企業的な農業が中心である。

❺ ➊ ➋ アメリカの工業は，五大湖周辺のAで重工業中心に発達した。近年ではXのシリコンバレーのようにICT産業が発達している。

➌ 北緯37度以南の温暖な地域をサンベルトとよび，ICT産業が特に発達している。

❻ ➋ ➌ ヒスパニックはアメリカの重要な労働力であり，近年はICT産業に従事するアジア系移民が増加している。

▶ 本文 p.24-25

p.24-25 Step ❸

❶ ➊ A㋓ B㋑
➋ a㋑ b㋐ c㋓
➌ **モノカルチャー経済**
➍ 例 **植民地支配が続き，農業や鉱業以外の産業が発達しなかったから。**
➎ **プランテーション**

❷ ➊ ① **デトロイト** ② **ピッツバーグ**
③ **シリコンバレー**
➋ 例 **Xより南のICT産業が発達した地域。**
➌ **アジア系** ➍ ㋓

❸ ➊ **センターピボット（方式）**
➋ 例 **少ない労働力で，広い耕地に水やりができる。**
➌ **フィードロット**
➍ ① × ② ○ ③ ○ ④ ○
➎ ① ㋒ ② ㋓ ③ ㋑ ④ ㋐
➏ ㋐

考え方

❶ ➊ 20世紀初め，ヨーロッパ諸国は競ってアフリカを支配し，領土を拡大していった。イギリスはエジプトと南アフリカを結ぶ政策をとり，フランスはアルジェリアから侵攻（しんこう）し，アフリカを横断する政策をとり，イギリスと対立した。

➋ ➌ グラフにある3か国とも農作物や鉱産資源にたよるモノカルチャー経済の国々である。特にボツワナはダイヤモンド，ナイジェリアは石油に依存（いぞん）する割合が高い。このような国々は，ダイヤモンドや石油の価格が下落すると国の経済に与（あた）える影響（えいきょう）が大きい。

➍ 大半がヨーロッパ諸国の植民地となったアフリカの国々の役割は，ヨーロッパ諸国に原材料を与えることと，ヨーロッパで生産された工業製品の市場となることであった。そのため，産業が発達しなかった。ここでは「植民地支配が続き，農業や鉱業以外の産業が発達しなかった」ことが書いてあれば正解。

➎ ヨーロッパ諸国の資本で開かれた大農園をプランテーションという。

❷ ➊ アメリカの工業は，デトロイトの自動車工業やピッツバーグの鉄鋼業など，最初に五大湖周辺の重工業が発達した。その後，シリコンバレーのようなICT（情報通信技術）産業で世界をリードしていくようになった。

➋ 地図中のXは北緯37度を示し，これより南の温暖な地域をサンベルトとよぶ。サンベルトではICT関連企業が集中している。

➌ シリコンバレーのICT関連企業で働く人はヨーロッパ系が多いが，近年は大学などで学んだアジア系の移民が産業を支えるようになってきている。

➍ ヒスパニックとは，メキシコや中央アメリカ，西インド諸島の国々からアメリカに移住した人々で，メキシコ国境に近い南部の州に多い。

❸ ➊ ➋ 写真Ⅰはセンターピボットとよばれる大規模なかんがい設備である。このように，アメリカでは大規模な機械や設備を導入することで，少ない労働力で広い耕地を経営している。ここでは「少ない労働力で，広い耕地に水やりができる」ことが書いてあれば正解。

➌ フィードロットは，とうもろこしなどの飼料を与え，牛を大規模に育てる肥育場である。

➍ ① アメリカでは，大規模の農地を少ない労働力で経営するのが主流のため×。

➎ アメリカの農家は，大型の機械や設備を導入することで，広い農地を少ない労働力で経営している。一方日本の農家は，多くの労働力でせまい農地を経営していることを基（もと）に考えよう。
① ②農民一人あたりの農地面積はアメリカは広く日本はせまい。
③ ④農民一人あたりの穀物の収穫量は，アメリカは多く，日本は少ない。

➏ アメリカの農牧業は，西経100度の経線を境に東部は雨が多く，西部は雨が少ない。西部で放牧が盛んなのは，乾燥していて作物栽培に適さないためである。

第２章 世界の諸地域③

p.26 Step ❶

① アンデス山脈 ② アマゾン川 ③ インカ帝国(ていこく)
④ 焼畑(やきはた)農業 ⑤ チリ ⑥ バイオエタノール
⑦ ミクロネシア ⑧ アボリジニ ⑨ マオリ
⑩ 羊 ⑪ 牛 ⑫ APEC(エイペック) ⑬ 華人(かじん) ⑭ 白豪(はくごう)主義

p.27-29 Step ❷

❶ ① A アンデス山脈 B ラプラタ川
　C ブラジル高原
② ０度
③ ① ラパス ② ブエノスアイレス
④ インカ帝国
❷ ① ㋑ ② 焼畑農業 ③ ㋓
❸ ① ㋐，㋒
② ① チリ ② ブラジル
③ バイオエタノール
④ 再生可能エネルギー
❹ ① X ミクロネシア Y メラネシア
　Z ポリネシア
② A グレートディバイディング山脈
　B 大鑽井盆地(だいさんせいぼんち)
③ ① パース ② フナフティ
④ ① アボリジニ ② マオリ
❺ ① ① ㋒ ② ㋓ ③ ㋐ ④ ㋑
② a ㋒ b ㋑
③ APEC
❻ ① ヨーロッパ州
② 白豪主義
③ 華人 ④ ㋐

考え方

❶ ② 南アメリカ大陸における赤道は，アマゾン川河口を通る。
③ ①は年平均気温があまり高くないので，高山気候のラパス。②は夏の気温が冬より低くなっているので，南半球のブエノスアイレスと判断する。
④ マチュピチュは標高2000m以上の山岳(さんがく)地域に築かれたインカ帝国の遺跡。
❷ ① アマゾン川は魚の種類が豊富で，流域では漁業が盛んである。
② ③ 焼畑農業は古くから行われてきた農業で，移動して行うため，耕作をしない土地は長い年月をかけて新しい森林となることで，森林を守る働きもしている。
❸ ① ㋑ 地図の凡例を見ると，アマゾンの開発は，鉄鉱山や農牧林業など，総合的な開発が行われていることがわかるので誤り。
㋓ 開発の範囲は，西のペルーやボリビア国境まで広げられているので誤り。
③ さとうきびやとうもろこしなどの植物原料からとれるアルコール燃料をバイオエタノールとよび，ブラジルでは生産が盛んである。
④ バイオエタノールや太陽光，地熱，風力など，くり返し使うことのできるエネルギーを再生可能エネルギーという。
❹ ① ミクロネシアは「小さい島々」，メラネシアは「黒い島々」という意味で，太平洋の島の中で面積の比較的大きい４つの国からなる。ポリネシアは「多くの島々」という意味である。
③ ①は気温から温帯なのでパース，②は気温から熱帯なのでフナフティ。
④ アボリジニもマオリも政府の保護を受け，それぞれの文化が尊重されている。
❺ ① 年降水量250～500mmの地域は主に牧羊，500mmの地域では小麦，500～1000mmの地域は牧牛，1000mm以上では酪農が行われている。
② オーストラリアの貿易は，羊毛，小麦，肉類中心から，鉄鉱石，石炭，天然ガスへと変化してきた。
③ APEC（アジア太平洋経済協力）は，アジア太平洋地域の21の国と地域が参加する経済協力である。
❻ ① ② 19世紀半ば以降，中国人などが安い賃金で働くようになると，政府は白豪主義の政策をとり，アジア系などの移民制限を行った。1973年に制限をなくすと，アジア系移民は増えていった。
④ 現在，アボリジニに対する政策は見直され，先住民としての権利が尊重されている。

p.30-31 Step **3**

❶ ① A **アマゾン川** B **ラプラタ川**
C **アンデス山脈**

② **チリ** ③ **エ**

④ ① ○ ② × ③ × ④ ○

⑤ **焼畑農業**

⑥ 例 **原料のさとうきびを作るために森林を破
壊するため。**

❷ ① ① ○ ② ○ ③ × ④ ×

② 例 **国が白豪主義の政策を行っていたから。**

❸ ① ① **牧羊** ② **牧牛** ③ **酪農**

② A **エ** B **イ** C **ア** D **ウ**

③ **露天掘り** ④ **ア，エ**

考え方

❶ ②③ Yはチリで，太平洋側の南北に細長く位
置する国土が特徴的である。チリは銅鉱石
を多く産出し，日本の銅鉱石の輸入相手国
に中で最も輸入量が多い。

④ ② 開発が行われている地域は熱帯雨林が多
く，多種多様な動植物が生息地域を追われ
ているので×。

③ 油田や鉄鉱山の開発は，環境に大きな影
響をあたえるため×。

⑤ 木を切りたおして燃やすことで灰をつくり，
バナナやいも，とうもろこし，豆などを栽
培する農業は焼畑農業である。

⑥ バイオエタノールは植物原料であり，植物
は生長過程で地球温暖化の原因となる二酸
化炭素を吸収している。バイオエタノール
を使用すると二酸化炭素が排出されるが，
植物の生長時期に吸収しているため，二酸
化炭素の総量は増えないとされている。一
方で，バイオエタノールの原料となるさと
うきびを生産するために，森林を破壊して
いることが課題である。

❷ ① ③ 1981年のヨーロッパ州からの移民の割合
は70.7％で，その後は41.3％，32.6％と減っ
ているので×。

④ 2011年のヨーロッパ州からの移民の数は，
648.6万人の32.6％で約211万人。1901年は
86.5万人のうち87.2％がヨーロッパ州から
の移民で，約75万人である。1901年のほう
がヨーロッパ州からの移民の割合は大きい
が，実際の人口は少ないので×。

② 1970年代まで，政府は白豪主義の政策をと
り，アジア系などの移民制限を行ったため，
アジア州からの移民はいなかった。ここで
は「白豪主義の政策を行っていた」ことが
書いてあれば正解。

❸ ① 地図Ⅰの年降水量を表す線を読み取りなが
ら答えよう。年降水量250～500mmの地域で
は牧羊，大鑽井盆地と年降水量500～1000
mmの地域では牧牛，年降水量1000mm以上の
地域では酪農が行われている。

❸ ④ 写真の鉱山は金の鉱山で，地表から直接
掘っていく露天掘りの鉱山である。一般の
鉱山が坑道を掘って採掘するのに対し，露
天掘りでは，地表から大型の機械でらせん
状に掘り進めるため，コストが安く済む。
露天掘りは，地表近くに鉱脈のある産地で
行われる採掘方法である。

第3編 日本のさまざまな地域

第1章 地域調査の手法
第2章 日本の地域的特色と地域区分

p.32 Step **1**

❶ **縮尺** ❷ **等高線** ❸ **地図記号**

❹ **日本アルプス** ❺ **フォッサマグナ** ❻ **扇状地**

❼ **大陸棚** ❽ **季節風（モンスーン）**

❾ **火力発電** ❿ **再生可能エネルギー**

⑪ **太平洋ベルト** ⑫ **第三次産業** ⑬ **過疎**

p.33-37 Step **2**

❶ ① **イ** ② **エ**

③ **500m** ④ **ウ**

❷ ① **エ** ② **D→B→C→A**

❸ ① a **関東平野** b **利根川**

② **フォッサマグナ**

③ **赤石山脈** ④ **日本アルプス**

⑤ ① **扇状地** ② **三角州**

❹ ❶ ①㋑　②㋐　③㋒　④㋓
❷ ①B　②A
❸ **温暖湿潤気候**

❺ ❶ **東日本大震災**
❷ **津波**
❸ **火砕流**
❹ **ハザードマップ**

❻ ❶ ①㋔　②㋕　③㋓　④㋖　⑤㋐　⑥㋒
❷ **人口ピラミッド**
❸ ㋑
❹ **過疎**

❼ ❶ A㋒　B㋓　C㋑
❷ **ブラジル**
❸ **火力発電**
❹ 例 **発電の過程で，地球温暖化の原因になる温室効果ガスを排出する。**

❽ ❶ A **北関東工業地域**　B **京浜工業地帯**
C **阪神工業地帯**　D **北陸工業地域**
❷ **太平洋ベルト**　❸ ㋑
❹ **米，野菜**

❾ ❶ 例 **自動車輸送の割合は増加しているが，鉄道輸送は減ってきている。**
❷ ①㋓　②㋐　③㋑
❸ **リニア中央新幹線**

❿ ❶ ㋒　❷ ㋒

考え方

❶ ❶ Xの範囲には「X（交番）」の地図記号はない。
❷ トンネルの西側の出入口には「⚙（発電所・変電所）」がある。
❸ 実際の距離は〈地図上の長さ×縮尺の分母〉で求める。この地形図は２万5000分の１なので，〈2（cm）×25000＝50000（cm）＝500（m)〉となる。
❹ Zの左に「50」と書かれた計曲線がある。これを目安に10mごとの主曲線を数えると，Zは約120mとなる。

❷ ❶ 人口などの変化を表すときに適したグラフは折れ線グラフである。帯グラフや円グラフは，全体における割合を示すとき，項目ごとの数値を示すには棒グラフが適している。
❷ 疑問点を基にテーマを決めたら，なぜそのようになったのか仮説を立てることが必要。仮説に基づいて調査を行い，文章や表，グラフにまとめて，発表をする。

❸ ❷ フォッサマグナは，かつて大陸と陸続きだった日本列島が大陸からはなれる際にできた台地のさけ目である。フォッサマグナより東では山脈はほぼ南北に連なり，高い山があるが，日本アルプスより西では，ほぼ東西方向に連なっており，2000mをこえる山はない。
❸ ❹ 飛驒・木曽・赤石山脈をふくむ一帯は，標高3000m前後の山が連なり，日本アルプスとよばれる。
❺ ①は川が山間部から平野や盆地に流れ出た所に土砂が扇形にたまってできた扇状地である。②は川が海や湖に流れこむ河口に土砂でうめ立てられた三角州である。

❹ ❶ 日本の気候は大きく，日本海側と太平洋側に分けられる。冬は大陸からふく季節風によって日本海側は雪や雨が多く，太平洋側は乾燥する。夏は太平洋からふく季節風が太平洋側に雨を多く降らす。
❷ ①の雨温図では，冬の降水量が少ないため太平洋側のB，②は冬に降水量が多いので日本海側のAである。
❸ 日本は東北地方北部と北海道が冷帯（亜寒帯）で，その他の地域は主に温帯に属している。

❺ ❶ 2011年３月11日に起きた地震は東北地方太平洋沖地震であり，この地震によって発生したあらゆる災害を総称して東日本大震災とよぶ。
❷ 写真Ⅰは仙台空港が津波の被害を受けたときの様子である。
❸ 火山の噴火では，溶岩や火山灰，火山れきが噴出し，周囲の地域に大きな被害をあたえる。また，火山から比較的近い地域では，高温のガスや石，火山灰などが高速で広がる火砕流が発生することがある。
❹ 自然災害による被害の範囲や程度を示した地図を防災マップ（ハザードマップ）とよぶ。ハザードマップは，住んでいる地域で想定されている自然災害が書かれているため，事前の防災や避難に活用できる。

❻ ❶❷ 日本は少子高齢化が進み，人口ピラミッドは，1930年代の富士山型から1960年代にはつりがね型へ，現在はつぼ型へと変化していった。また，大都市と郊外との間では，かつては郊外のニュータウンなどの人口が増加するドーナツ化現象が起こったが，1990年代以降，再び都心へ人口が流入してきている。

❹ 過疎化が進む地域は，都市からはなれた山間部や離島などを中心に広がっている。

❼ ❶ 日本は鉱産資源に乏しいため，必要な資源の多くを輸入にたよっている。石炭，天然ガス，鉄鉱石の輸入相手国第一位はオーストラリアで，石油はサウジアラビアが第一位である。

❷ ブラジルは鉄鉱石を多く輸出しており，日本はオーストラリアの次に多くの鉄鉱石をブラジルから輸入している。

❸ 石炭や石油，天然ガスを燃やして出るエネルギーをもとに発電する方法は火力発電で，現在の日本の発電量の約66%をしめている。(2010年)

❹ 火力発電は，燃やすと地球温暖化の原因になる温室効果ガスを発生させる石炭や石油，天然ガスを燃やすことで発電する方法である。ここでは「地球温暖化の原因になる温室効果ガスを排出する」ことが書いてあれば正解。

❽ ❶❷ 太平洋や瀬戸内海沿岸に連続して形成された工業が盛んな地域を太平洋ベルトとよぶ。太平洋ベルトには多くの工業地帯・地域がふくまれている。

❸ 太平洋ベルトは，1960年代の高度経済成長期に形成された臨海型の工業地域である。また，新幹線や高速道路なども整備され，三大都市圏を中心にさまざまな産業も発達していった。

❹ 2016年における自給率80%以上の作物は米と野菜だけである。日本の食料自給率は先進国の中でも低く，食料の多くを輸入にたよっている。

❾ ❶ グラフから，自動車と鉄道の割合がどのように変化しているかを読み取りましょう。高速道路網の整備によって，自動車輸送の割合が増えている。ここでは「自動車輸送の割合は増加」「鉄道輸送は減少」の２点が書いてあれば正解。

❷ 貨物輸送は，貨物の種類によって輸送方法が異なる。石油や石炭などは大型船，個別の輸送はトラック，そして，半導体などの小型で軽量なものは航空機で輸送されることも多い。

❸ 将来的には東京（品川）から大阪までの開通を計画しているリニア中央新幹線は，品川〜名古屋間の工事が進められている。開通によって，三大都市圏の移動時間が大幅に短縮される。

❿ ❶ 合計特殊出生率とは，一人の女性が15歳から49歳までに産む子どもの数の平均。

㋐ 東京圏と大阪圏の合計特殊出生率は低いが，平均年齢は46歳未満なので×。

㋑ 東京圏と大阪圏の合計特殊出生率は低く，人口増加については，地図Ⅰ・Ⅱからは判断できないので×。

❷ ㋐ 北海道は，平均年齢は48歳以上で高く，合計特殊出生率が1.4未満で低いため×。

㋑ 北海道は，合計特殊出生率が1.4未満で低いので×。

p.38-39 Step 3

❶ ❶ A **日高山脈** B **奥羽山脈** C **関東山地** D **中国山地**

❷ **C**

❸ **日本アルプス**

❹ **扇状地**

❺ **㊁**

❻ **三角州**

❷ ❶ ① **C** ② **B** ③ **A**

❷ **B →C →A**

❸ **A**

❹ **ドーナツ化現象**

❺ 例 **都心部の地価が下がり，再開発が進んだため。**

❸❶A 札幌　B 仙台　C 広島　D 福岡
　❷ 地方中枢都市　❸ 太平洋ベルト
　❹ 北陸工業地域
　❺① ×　② ×　③ ○　④ ○
　❻ ㋘

考え方

❶❶❷ 日本の気候を日本海側と太平洋側に分ける要因は，季節風をさえぎる山地・山脈である。奥羽山脈や越後山脈，中国山地などは季節風をさえぎる向きに連なるが，C の関東山地は位置と向きから，気候を日本海側と太平洋側に分けるものではない。

　❹❺ 地形図を見ると，等高線の形状が扇形に広がっていることから扇状地だと判断する。扇状地の中央部は扇央とよばれ，水はけがよく日がよく当たるため，果樹の栽培に適している。

　❻ この地図は，大きな川が海に流れこむ場所である。川によって運ばれた土砂が積もってうめ立てられた地形で，三角州という。

❷❶❷ 三つのグラフを人口ピラミッドという。A は，年少人口（15歳未満）と老年人口（65歳以上）が少ない人口構成を表す現在の日本の人口ピラミッドである。B は，年少人口が多く，老年人口が少ない人口構成。1930年代の日本の人口ピラミッドである。C は，少子化が始まる時期で，年少人口が減り始める人口構成を表す。1960年代の日本の人口ピラミッドである。先進国ほど A になる傾向が強く，発展途上国は B の形が多い。

　❸ 過疎地域では若者が流出し，高齢者が残される傾向があるため，老年人口が多く，年少人口が少なくなる。よって A の形となる。

　❹ 大都市は地価が高く，郊外に住居を持つ人が増えることをドーナツ化現象とよぶ。中央部が空洞となる例えとしてドーナツと名付けられている。

　❺ 1990年代になると都心の地価が下がり，再開発が進むと，郊外から都心へと人口が流れた。これを都心回帰という。ここでは「都心部の地価が下がり，再開発が進んだ」ことが書いてあれば正解。

❸❶❷ 札幌，仙台，広島，福岡は代表的な地方中枢都市である。また，人口50万人以上の都市を政令指定都市とよび，新潟，岡山，熊本などがふくまれる。

　❸❹ X は太平洋ベルトで，1960年代の高度経済成長期から形成された臨海型の工業地域である。日本海側で唯一の北陸工業地域だけは太平洋ベルトに属さない。

　❺① 人口100万人以上の都市を見ると，札幌と仙台を除くすべての都市が太平洋ベルトにあるので×。
　② 東北地方など，人口密度が 1 ～300人/km² の比較的人口密度の低い地域には，工業地帯・地域がないため×。

　❻ ICT 産業はインターネットを活用した新しい産業で，三大都市圏に多くの企業が集まっている。

第3章 日本の諸地域①

p.40　Step❶

❶ カルデラ　❷ シラス　❸ 間伐
❹ 再生可能エネルギー　❺ 促成栽培　❻ 水俣病
❼ エコタウン　❽ ため池　❾ 本州四国連絡橋
❿ ストロー現象　⓫ 瀬戸内工業地域
⓬ 養殖　⓭ 村おこし

p.41-43　Step❷

❶❶a 九州山地　b 阿蘇山　c 桜島（御岳）
　❷ カルデラ
　❸ シラス
　❹① 那覇　② 福岡
　❺例 台風の影響で雨が多い。
❷❶A 筑紫平野　B 宮崎平野
　❷A ㋘　B ㋑　❸ ㋐
❸❶ 洞海湾
　❷ 公害対策基本法
　❸ エコタウン
　❹ 水俣病

❹ ① A 中国山地　B 四国山地
② a ㋒　b ㋐　c ㋑
③ a 鳥取　b 高松　c 高知
④ ㋐　⑤ ため池

❺ ① A ㋒　B ㋑　C ㋓　D ㋐　E ㋔
② C
③ 石油化学コンビナート　④ ㋒

❻ ① 過疎地域　② ㋑

考え方

❶ ② b の火山は阿蘇山で，噴火によって火山灰や溶岩がふき出したあとに大きなくぼ地ができた。この地形をカルデラとよぶ。鹿児島湾もカルデラに海水が入ってできた湾である。
③ 九州南部には過去の大規模な噴火によって積もった噴出物からなる地層が広がっている。この地層をシラスとよぶ。シラスは水はけがよく田には向かないため，畑作や牧畜が行われている。
④ ①は平均気温が高いので那覇，②は降水量が宮崎ほど多くないことを考えると福岡となる。
⑤ 九州地方に雨が多いのは，梅雨前線と台風の影響である。ここでは「台風」が書いてあれば正解。

❷ ①② A の筑紫平野は九州を代表する稲作地帯で，冬は同じ耕地で小麦などを栽培する二毛作が行われる。B の宮崎平野では温暖な気候を利用して，ビニールハウスによる野菜の促成栽培が行われている。
③ 九州には火山や温泉が多く，地熱発電所が多い。地熱発電とは，地下にある高温の熱水や蒸気のエネルギーを利用する発電である。

❸ ① 北九州市は，洞海湾を中心として鉄鋼業で発展してきた。
② 1960年代，環境をかえりみない工業生産によって，大気汚染や水質汚濁といった公害が発生した。1967年，国は公害対策基本法を定め，福岡県と企業が協力して，けむりや排水に厳しい基準を設けるなど，環境に優しい工業生産を行うようになっていった。
③ 北九州市は環境に対する取り組みが評価され，国からエコタウンに指定された。
④ 四大公害病とは，国が指定した公害病で，水俣病のほかに，新潟水俣病（新潟県），イタイイタイ病（富山県），四日市ぜんそく（三重県）がある。

❹ ② a は日本海側なので，冬に降水量の多い㋒。b は瀬戸内なので，降水量が少ない㋐。c は太平洋側なので，夏の降水量が多い㋑。
④⑤ 写真の池は，降水量の少ない瀬戸内で，生活用水や農業用水を得るために整備されたため池である。

❺ ① 本州と四国を結ぶ連絡橋は 4 か所，本州と九州とは関門橋の他に鉄道と道路の関門トンネルで行き来ができる。
② 本州と四国を結ぶ連絡橋のうち，鉄道が通っているのは，C の瀬戸大橋である。
③ a は倉敷市で，水島地区には石油精製や関連する企業や工場が集まる石油化学コンビナートがある。
④ 石油化学コンビナートでは石油を精製するほか，化学製品が作られる。瀬戸内工業地域は化学製品出荷額の割合が比較的高く，24.4%（2015年）ある。

❻ ① 若者が流出し，高齢者の割合が高くなると，地域の税収も減り，医療や教育，公共交通などの公的サービスの提供が難しくなる。このように，人口流出によって社会生活が困難になった地域を過疎地域という。
② ㋐は，徳島県上勝町の事例，㋒は，香川県直島の事例である。

p.44-45　Step ❸

❶ ① A 中国山地　B 四国山地　C 九州山地
② 阿蘇山
③ カルデラ
④ 火山灰
⑤ 桜島（御岳）　⑥ X

❷ ① Y　② B　③ ため池
④ 例 季節風が中国山地と四国山地によってさえぎられ，雨が少ないため。
⑤ C　⑥ 促成栽培
⑦ ㋒

❸ ❶ A ㋒　B ㋑
❷ 石油化学コンビナート
❸ ㋒
❹ X 関門橋　Y しまなみ海道　Z 瀬戸大橋
❺ ① × ② ○ ③ ○ ④ ×

考え方

❶❷❸ Dは阿蘇山で，噴火によって火山灰や溶岩がふき出したあとに，カルデラとよばれる大きなくぼ地ができた。
❹❺ Eは桜島（御岳）で，活発な火山活動のため噴火による降灰がはげしく，鹿児島市では克灰袋とよばれる袋を配布して，灰を回収している。
❻ 北九州市は国からエコタウンに指定され，リサイクルを推進している。Xが上がっていてYが下がっていることから，Xがリサイクル率で，Yがごみ排出量である。
❷❶❷ 図の矢印は季節風を表しており，Xは海上をわたるため湿気をふくんだ空気となる。中国山地や四国山地をこえる際，雨や雪を降らせるため，瀬戸内海にふくYはかわいた空気となる。
❸❹ 写真Ⅰはため池で，雨が少ない瀬戸内の香川県の様子である。❹は「季節風が中国山地と四国山地によってさえぎられ，雨が少ない」ことが書いてあれば正解。
❺❻ 写真Ⅱは高知平野のビニールハウスで，温暖な気候を利用して，野菜の促成栽培を行っている。促成栽培は，通常の出荷時期より早く出荷することで，市場で高く取り引きすることができる利点がある。
❼ 野菜の促成栽培は，宮崎平野でも盛んである。
❸❶ 岡山県倉敷市や広島県福山市，呉市などには製鉄所があり，鉄鋼の生産が盛ん。倉敷市の水島地区や山口県周南市，愛媛県新居浜市などには，石油化学コンビナートがある。
❷ 石油化学コンビナートには，石油精製や関連する企業や工場が集まっている。
❸ 石油化学コンビナートでは石油を精製するほか，化学製品が作られる。瀬戸内工業地域の工業製品別の出荷額を見ると，機械の次に化学製品が多い。

❹ Xは下関（山口県）と門司（北九州市）を隔てる関門海峡をわたるため関門橋とよぶ。
❺ Zは岡山県倉敷市と香川県坂出市を結ぶ瀬戸大橋である。
① 愛媛県今治市は，しまなみ海道の四国側の出入口なので×。
④ 山陰ではなく四国と本州を結ぶ連絡橋なので×。

第3章 日本の諸地域②

p.46　Step ❶
❶ リアス海岸　❷ 紀伊山地　❸ 大阪大都市圏
❹ 阪神工業地帯　❺ ニュータウン　❻ 再開発
❼ 京都（市）　❽ 日本アルプス
❾ 名古屋大都市圏　❿ 中京工業地帯
⓫ 東海工業地域　⓬ 施設園芸農業　⓭ 高原野菜
⓮ 精密機械工業　⓯ 地場産業

p.47-49　Step ❷
❶ ❶ A 琵琶湖　B 播磨平野　C 大阪平野
　 D 紀伊山地　E 淡路島
❷ リアス海岸
❸ 例 波の静かな入り江が多くあるため。
❹ ① a ② c ③ b
❷ ❶ 阪神工業地帯
❷ A エ　B ア
❸ ニュータウン
❹ ターミナル駅
❸ ❶ ① ㋒ ② ㋑
❷ 過疎
❸ ㋐，㋑
❹ ❶ A 飛驒山脈　B 木曽川　C 信濃川
　 D 濃尾平野　E 越後平野　F 甲府盆地
❷ ① b ② a ③ c
❸ 輪中
❺ ❶ ㋔
❷ 化学
❸ 東海工業地域
❹ ㋐　❺ 電照菊
❻ ❶ 高原野菜　❷ ㋑
❸ 盆地名 甲府盆地，地形 扇状地
❹ 例 秋の長雨をさけるため。

[考え方]

❶ ❷ 2か所のXは，北は若狭湾，南は志摩半島南部を指している。これらの海岸は陸地がしずんで，谷に海水が入ってできた地形で，複雑な入り江が続く。

❸ 志摩半島南部のリアス海岸は，波が静かな入り江があるため，いかだを使う真珠の養殖に適している。ここでは「波の静かな入り江がある」ことが書いてあれば正解。

❹ ①は，冬の降水量が多いことから日本海側のaである。②は，夏の年間降水量がとても多いのでcである。残る③は，bとなる。

❷ ❶ ❷ 大阪湾の臨海部にある工業地帯とは，阪神工業地帯である。この工業地帯では機械の出荷額が最も多く，金属が続く。

❸ 神戸市は六甲山地が海にせまっており，平地が少ないため，丘陵地をけずってニュータウンを建設した。けずった土はうめ立てに利用し，ポートアイランドなどの人工島の建設に役立てた。

❹ 梅田や難波など，郊外を結ぶ鉄道の起終点や乗りかえをする駅はターミナル駅とよばれ，再開発が進められている。

❸ ❶ 地図の凡例の色分けを見て答えましょう。奈良県南部・三重県南部の人口増減率は10％以上減少しており，過疎化が進んでいる。一方，大阪府，京都府，滋賀県南部は増加している。

❷ ❸ 過疎化が進む奈良県川上村では，都市部の人たちとの交流を通して村の活性化を図り，また，商品の移動販売を行い，暮らしやすい村づくりを進めている。

❹ ❷ 中部地方の気候は三つに区分される。北陸は冬の降水量が多く，太平洋側は冬に乾燥する。中央高地は気温が低いことが特徴である。

❸ 濃尾平野の揖斐川，長良川，木曽川に囲まれた標高が低い地域は，洪水から暮らしを守るために輪中とよばれる堤防が築かれてきた。

❺ ❶ 中京工業地帯は自動車工業が盛んなため，機械の出荷額割合が約70％と高い。(2016年)

❷ 四日市市にあるのは石油化学コンビナートなので，「化学」があてはまる。

❸ ❹ 東海工業地域では，浜松市のオートバイや楽器，富士市の製紙などの工業が発達している。

❺ 電照菊とは，夜間に照明を当てて育てる菊である。照明を当てることで花の開く時期をおくらせ，菊が高く売れる秋から冬に出荷する。

❻ ❶ ❷ 長野県川上村などの標高の高い地域では，すずしい気候を利用して，夏に暑さに弱いレタスを栽培し，他の地域が出荷しない時期に出荷している。このような野菜を高原野菜という。

❸ 山梨県の甲府盆地はぶどうやももなどの果樹栽培が盛んである。山のすそ野にできた扇状地は水はけがよく，日が当たるため，特にぶどうの栽培が盛んである。

❹ 通常10月に収穫する米を9月ごろに収穫する米を早場米という。北陸地方では秋に長雨が降るため，収穫の時期を早める必要がある。ここでは「秋の長雨をさける」ことが書いてあれば正解。

p.50-51 **Step 3**

❶ ❶ a **木曽山脈** b **赤石山脈** c **紀伊山地**

❷ **リアス海岸**

❸ **真珠**

❹ **木曽川**

❺ **輪中**

❻ X **阪神工業地帯** Y **中京工業地帯**

❼ ① Y ② X

❷ ❶ **大阪大都市圏**

❷ ①○ ②○ ③× ④○

❸ [例] **大阪などに通勤や通学で通う人が多いから。**

❹ ㋑，㋒

❸ ❶ Ⅰ㋒ Ⅱ㋐ Ⅲ㋑

❷ [例] **標高が高く，夏でもすずしいから。**

❸ ㋐，㋓ ❹ ㋒

考え方

❶❷❸ Aの海岸はリアス海岸で，波が静かな入り江があるため，いかだを使う真珠の養殖に適している。

❹❺ 木曽川下流の地域は，洪水から暮らしを守るために輪中とよばれる堤防が築かれてきた。

❻❼ Xは阪神工業地帯で，化学工業の出荷額割合が比較的高い。Yは中京工業地帯で，機械工業の割合が非常に高い。

❷ ① 大阪を中心に，神戸や京都，奈良などに広がる地域を大阪大都市圏という。

② ③ 昼間は，周辺地域から大阪市への人の流れが多いので×。

③ 昼夜間人口比率が低いということは，昼間の人口が少ないことを示す。宝塚市は大阪中心部の近郊にあるため，通勤や通学で大阪に行く人が多い。ここでは「大阪などに通勤や通学で通う人が多い」ことが書いてあれば正解。

④ Xの人工島は，六甲山地の丘陵地をけずってニュータウンを造ったときの土砂をうめ立てて造られた。

❸ ① 写真Ⅰは静岡県島田市の茶，写真Ⅱは愛知県渥美半島の電照菊，写真Ⅲは山梨県甲府盆地のぶどうの栽培の様子である。

② グラフから長野県のレタスが夏に出荷されていることを読み取る。長野県川上村などでは標高が高いため，暑さに弱いレタスを夏に出荷できる。ここでは「標高が高く，夏でもすずしい」ことが書いてあれば正解。

③ ㋑ レタスは暑さに弱い作物なので誤り。
㋒ 野菜の価格は出荷量に関係するので誤り。

④ 甲府盆地のぶどう畑は，水はけがよく日がよく当たる扇状地に多い。

第3章 日本の諸地域③

p.52 Step ❶

① 関東ローム　② からっ風　③ 東京大都市圏
④ 昼間人口　⑤ 京葉工業地域
⑥ 北関東工業地域　⑦ 近郊農業　⑧ リアス海岸
⑨ やませ　⑩ 男鹿のナマハゲ（なまはげ）
⑪ 伝統的工芸品　⑫ 地場産業
⑬ 東北地方太平洋沖地震

p.53-55 Step ❷

❶ ① A 越後山脈　B 関東山地　C 関東平野
D 利根川
② 関東ローム
③ ① c　② b　③ a
④ ヒートアイランド現象

❷ ① 神奈川県
② 世界都市　③ ㋐

❸ ① 京葉工業地域
② ㋑，㋒
③ 高原野菜
④ 近郊農業

❹ ① A 奥羽山脈　B 北上川　C 最上川
D 山形盆地
② やませ
③ リアス海岸
④ 養殖
⑤ ① b　② a
⑥ 潮境

❺ ① ① ねぶた祭　② 花笠まつり
② ㋒，㋓
③ （名前）男鹿のナマハゲ（なまはげ）
（国の指定）重要無形民俗文化財
④ ① ㋓　② ㋐　③ ㋒

❻ ① e
② 北アメリカプレート
③ 津波
④ 例 住宅を高台に移転する。

考え方

❶ ② 関東平野の台地は，箱根山や富士山などの火山の灰が堆積した関東ロームとよばれる赤土におおわれ，畑作地帯となっている。

③ ①は，一年を通して雨が多いのでc。②は冬に乾燥するのでb。③は，冬の冷えこみが激しいので内陸のa。

④ アスファルトにおおわれ，ビルが多い都心では，夜になっても気温が下がらないヒートアイランド現象が見られる。

❷ ❶「東京23区への通勤・通学者」の図を見ると，神奈川県についで，埼玉県，千葉県から東京へ通勤・通学する人が多いことがわかる。

❷ 東京は，ニューヨークやロンドンとならんで世界都市とよばれる。

❸ 東京都心への通勤・通学者が多いことから，昼間人口が夜間人口よりも多いと考えられる。

❸ ❶ 東京と千葉を結ぶ臨海部に形成された工業地域のため，「京葉」と名付けられている。

❷ 京葉工業地域は，臨海部に形成され，化学製品の出荷額割合が約40％(2017年)と多いことが特徴である。

❸ 群馬県の標高の高い地域では，すずしい気候を生かした高原野菜の栽培が盛んである。

❹ 茨城県や千葉県などでは，大消費地である都心に近いことを生かした近郊農業が盛んである。

❹ ❷ Xは，夏にオホーツク海高気圧の影響でふく冷たくしめった風で，やませという。やませによる，冷気や日照不足で冷害が起こることもある。

❸❹ Yはリアス海岸である。波が静かな入り江が続くため，こんぶやわかめ，かきの養殖が盛んである。

❺ ①は冬に乾燥するので，太平洋側の気候。②は冬の降水量が多いので，日本海側の気候である。

❻ 三陸海岸沖には，寒流の親潮（千島海流）と暖流の黒潮（日本海流）がぶつかる潮境がある。潮境はプランクトンが豊富で，寒流と暖流の魚がいるため，好漁場となる。

❺ ❷ ㋐ 古くから伝わる伝統行事を大切にするための努力が続けられ，毎年多くの人が参加しているので誤り。

㋑ 東北地方の夏祭りは，古くから行われているので誤り。

❸ 秋田県の男鹿のナマハゲは，国の重要無形民俗文化財に指定されている。

❹ 東北地方では，冬の間，雪で農作業ができないため，家の中でできる工芸品づくりが早くから始まった。

❻ ❶❷ 東北地方太平洋沖地震は，北アメリカプレートの下に太平洋プレートが入りこむことが要因で起こり，マグニチュード9.0の大地震であった。

❸❹ 東北地方太平洋沖地震では津波が発生し，沿岸に大きな被害をあたえた。国は自治体と協力して堤防を築く工事を進め，また，高台に新たな宅地を造成するなどの対策を進めている。ここでは「住宅を高台に移転する」ことが書いてあれば正解。

p.56-57 Step ❸

❶ ❶ A **奥羽山脈** B **越後山脈** C **北上川** D **利根川**

❷ X **黒潮** Y **親潮**

❸ 例 **暖流と寒流がぶつかる潮境のため。**

❹ 例 **リアス海岸で，波がおだやかな湾が多いため。**

❺ ① b ② a

❻ **やませ**

❷ ❶ **京葉工業地域**

❷ **北関東工業地域**

❸ Ⅰ㋒ Ⅱ㋐ ❹ ㋒

❺ 例 **群馬県は高原野菜で，他の３県は近郊農業である。**

❸ ❶ **工業団地**

❷ ①× ②○ ③× ④○

❸ 9 (9.0)

❹ 例 **東北地方の太平洋側を震源とする地震が多く，津波の被害が予想されるため。**

[考え方]

❶ ❷❸ 潮境とは，寒流と暖流がぶつかるところである。三陸海岸沖には，寒流の親潮（千島海流）と暖流の黒潮（日本海流）がぶつかる潮境がある。潮境はプランクトンが豊富で，寒流と暖流の魚がいるため，好漁場となる。❸は「暖流と寒流がぶつかる潮境」ということが書いてあれば正解。

❹「リアス海岸で，波がおだやかな湾が多い」ことが書いてあれば正解。

❺ ①は冬に乾燥するので，太平洋側のb。②は冬の降水量が多いので，日本海側のa。

⑥ 夏にオホーツク海高気圧の影響でふく冷たくしめった風で，やませという。

❷ ①②③ 写真Ⅰの京葉工業地域は，原料を大型船で運ぶ臨海型の工業地域で，石油化学，製鉄が盛んである。写真Ⅱの北関東工業地域は，広い土地や豊富な労働力を生かした自動車などの機械工業が盛んである。

④ グラフの群馬県，千葉県，神奈川県，茨城県の割合を合わせると，66.9％となる。

⑤ 群馬県の標高の高い地域では，すずしい気候を生かした高原野菜として出荷しており，平地の3県については都心に近いことを生かした近郊農業を行っている。ここでは「群馬県は高原野菜で，他の3県は近郊農業」ということが書いてあれば正解。

❸ ①② 近年，東北地方に半導体や自動車などの工場が進出し工業団地が造られた。
① 工業団地は内陸部にも分布しているので×。
③ 空港近くに立地するのは，軽量で小型の半導体などをつくる工場なので×。

④ 「東北地方の太平洋側を震源とする地震が多い」「津波の被害が予想される」ことが書いてあれば正解。

第3章 日本の諸地域④
第4章 地域の在り方

p.58 **Step ❶**

① **濃霧** ② **アイヌの人々**
③ **防災マップ（ハザードマップ）** ④ **養殖**
⑤ **客土** ⑥ **十勝平野** ⑦ **酪農**
⑧ **エコツーリズム** ⑨ **国際連合** ⑩ **課題**
⑪ **要因** ⑫ **提案**

p.59-61 **Step ❷**

❶ ① A **北見山地** B **日高山脈** C **石狩川**
② ① a ② b ③ **濃霧**
④ **流氷** ⑤ **アイヌ（の人々）**

❷ ① **有珠山**
② **ユネスコ世界ジオパーク**
③ 例 **玄関が二重になっている。**
④ **ロードヒーティング**

❸ ① **石狩平野**
② **客土**
③ **十勝平野**
④ **輪作**
⑤ **根釧台地**
⑥ **酪農**
⑦ **さっぽろ雪まつり**
⑧ **世界遺産（世界自然遺産）**

❹ ① **SDGs**
② ㋑，㋒

❺ ① ㋒，㋓
② ㋐，㋒
③ ㋑，㋒

❻ ① ㋒

[考え方]

❶ ② ①は冬の降水量が多いので，日本海側のa。②は冬に乾燥するので，太平洋側のb。

③ Xの地域には，夏に南東からのしめった季節風が寒流で冷やされ，濃霧が発生する。

④ Yの海には，冬になると流氷が流れてくる。

⑤ 北海道の先住民はアイヌの人々で，自然に根差した生活・文化を確立してきた。

❷ ①② 2000年に有珠山が噴火し，ふもとの洞爺湖温泉などに大きな被害が出た。付近は，環境や防災について学べるユネスコ世界ジオパークに認定された。

③ 「二重とびらの玄関」の他，「中央部を低くして雪を排出する構造の屋根」「断熱材が入った壁」「二重の窓」「大きな石油タンク」などを書いてもよい。

④ 雪国では，道路の下に電熱線や温水パイプを通して，積雪を防ぐロードヒーティングが整備されている道路が多い。

❸ ①② 石狩平野は農業に適さない泥炭地が広がっていたが，他から土を運びこむ客土によって，稲作が盛んになった。

③④ 十勝平野では土にふくまれる養分のバランスを保つために，異なる作物を順番に作る輪作を行っている。

⑤⑥ 根釧台地や十勝平野では，酪農が盛ん。

⑧ Yは知床で，2005年に世界遺産（自然遺産）に登録された。

❹ ❶ ❷ 国際連合が定めた，2030年までに世界各国が持続可能な社会づくりのために取り組むべき17の目標を，SDGsという。

❺ ❶ ㋐ 資料から宮崎市の総人口のことはわからないので誤り。
㋑ 郊外は高齢者が多いので誤り。

❷ ㋑ 中心市街地の高齢者の割合は郊外よりも低いので誤り。
㋓ 高齢者割合と事業所数とは関係がないので誤り。

❸ ㋐ 高齢化の進行と観光業とは関係がないため誤り。
㋓ 資料から，事業所が郊外に移転する背景が読み取れないので誤り。

❻ ❶ 高齢者に，自動車の運転や高層マンションへの移住をすすめることは，提案として不適切なので誤り。

p.62-63　Step ❸

❶ ❶ A **北見山地**　B **日高山脈**　C **石狩平野**
D **十勝平野**　E **根釧台地**

❷ ① a　② b

❸ （畑）**約16倍**　（水田）**約７倍**

❹ ㋐，㋑

❷ ❶ **有珠山**

❷ 例 **防災マップを活用した避難訓練を徹底したため。**

❸ ㋓　❹ **養殖**

❺ ㋑，㋓

❸ ❶ ① ○　② ×　③ ×　④ ○

❷ ① ㋒　② ㋐　③ ㋓　④ ㋑

考え方

❶ ❷ ① 冬に雪が多く降るのは，日本海側のａ。
② 雪の量が少ないのは，太平洋側のｂ。

❸ 畑は〈12.9÷0.8＝16.125〉なので約16倍。水田は〈8.2÷1.2＝6.83…〉なので約７倍。北海道の農家は全国と比べて，広い耕地を経営していることがわかる。

❹ ㋒ 北海道の農作物は，全国の市場に出荷しているので誤り。
㋓ 根釧台地は農作物の栽培には適さないため，酪農が盛んなので誤り。

❷ ❶ ❷ 2000年の有珠山噴火では，付近の洞爺湖温泉などに大きな被害をあたえたが，防災マップ（ハザードマップ）を活用した避難訓練を行ってきたことから，人命の被害はでなかった。防災マップには被害の想定範囲と程度がかかれており，避難経路の確保などに活用できる。

❸ 北海道ではにしん漁が盛んだったが，とり過ぎなどで水あげ量が減り，代わってすけとうだらなどの漁が盛んになった。

❹ 海洋での魚が減ってくるなど，漁業環境が悪くなってきたこともあり，育ててとる漁業が盛んになってきた。北海道でもほたてがいなどの養殖が増えてきている。

❺ 北洋漁業とは，ベーリング海やオホーツク海で行われる漁業で，根室や釧路は拠点の漁港だった。

❸ ❶ ② 郊外は高齢者の割合が高いため，子どもの数は減少すると考えられるので×。
③ 中心市街地ほど高齢者の割合は低いので×。

❷ 提案などを行う際に，事実と主張だけを伝えるのではなく，主張を支える理由，裏付けがあると，より明確に主張が相手に伝わる。これらを図式化したものが，問題にかかれた図で，「トゥールミン図式」という。
①は，主張の基になる事実なので㋒「中心市街地に人が集まらなくなっている。」があてはまる。
② の主張は㋐の「バスなどの公共交通を充実させる。」である。
③ の主張を支える理由は㋓の「郊外に住む『交通弱者』も中心市街地に出かけやすいまちにしたい。」である。
④ の裏付けは㋑の「郊外で少子高齢化が進んでいる。」ことがあてはまる。

テスト前 ☑ やることチェック表

① まずはテストの目標をたてよう。頑張ったら達成できそうなちょっと上のレベルを目指そう。
② 次にやることを書こう（「ズバリ英語〇ページ，数学〇ページ」など）。
③ やり終えたら□に✔を入れよう。
　最初に完ぺきな計画をたてる必要はなく，まずは数日分の計画をつくって，
　その後追加・修正していっても良いね。

目標

	日付	やること1	やること2
2週間前	／	☐	☐
	／	☐	☐
	／	☐	☐
	／	☐	☐
	／	☐	☐
	／	☐	☐
	／	☐	☐
1週間前	／	☐	☐
	／	☐	☐
	／	☐	☐
	／	☐	☐
	／	☐	☐
	／	☐	☐
	／	☐	☐
テスト期間	／	☐	☐
	／	☐	☐
	／	☐	☐
	／	☐	☐
	／	☐	☐

① まずはテストの目標をたてよう。頑張ったら達成できそうなちょっと上のレベルを目指そう。
② 次にやることを書こう（「ズバリ英語〇ページ，数学〇ページ」など）。
③ やり終えたら□に✔を入れよう。
　最初に完ぺきな計画をたてる必要はなく，まずは数日分の計画をつくって，
　その後追加・修正していっても良いね。

	日付	やること1	やること2
2週間前	／	☐	☐
	／	☐	☐
	／	☐	☐
	／	☐	☐
	／	☐	☐
	／	☐	☐
	／	☐	☐
1週間前	／	☐	☐
	／	☐	☐
	／	☐	☐
	／	☐	☐
	／	☐	☐
	／	☐	☐
	／	☐	☐
テスト期間	／	☐	☐
	／	☐	☐
	／	☐	☐
	／	☐	☐
	／	☐	☐

目標

キリトリ線

社会地理 東京書籍版